LIGUE DU LIBRE ÉCHANGE

G. SCHELLE

LE BILAN

DU

PROTECTIONNISME

EN FRANCE

LIBRAIRIE GUILLAUMIN

LE BILAN

DU

PROTECTIONNISME

EN FRANCE

LE BILAN

DU

PROTECTIONNISME

EN FRANCE

PAR

G. SCHELLE

Vice-Président de la Ligue.

PARIS

LIBRAIRIE FÉLIX ALCAN

MAISONS FÉLIX ALCAN ET GUILLAUMIN RÉUNIES

108, BOULEVARD SAINT-GERMAIN, 108

1912

Tous droits de traduction et de reproduction réservés.

LISTE DES PUBLICATIONS

DE LA

LIGUE DU LIBRE-ÉCHANGE

Manifeste de la Ligue du Libre-Échange. In-4.

L'Industrie de la Margarine et la liberté du commerce dans les Pays-Bas. Brochure in-8. (Extrait du *Journal des Économistes.*)

Considérations sur le commerce de l'Italie en 1909, par E. Giretti. Brochure in-8. (Extrait du *Journal des Économistes.*)

Les Bienfaits du protectionnisme sur l'industrie canadienne, par Daniel Bellet. Brochure in-8. (Extrait du *Journal des Économistes.*)

Le Protectionnisme et le coût de la vie dans les familles ouvrières, par G. Paturel. Brochure in-8. (Extrait du *Journal des Économistes.*)

Le Mouvement libre-échangiste en France et dans les autres pays, par Daniel Bellet. Brochure in-8. (Extrait de la *Revue économique internationale.*)

L'Industrie cotonnière de Twente et le problème du libre-échange et de la protection, par H.-J.-N. Geldermann et H. Smissaert, avec une introduction de J. Pierson. Brochure in-8. (Extrait du *Journal des Économistes.*)

Les Intérêts des ports et la liberté commerciale, par Yves Guyot. In-4. (*Journal commercial et maritime de la Société de défense du commerce et de l'industrie.*)

Que faire contre la cherté de la vie ? par Daniel Bellet. In-4. (*La France économique.*)

Le Libre-Échange, conférence faite le 29 mai 1911 par M. Yves Guyot. In-8.

La Ligue du Libre-Échange et la liberté commerciale, conférence faite à Bordeaux le 22 juin 1911, par M. Biard d'Aunet. In-8.

La jalousie commerciale et les relations internationales. Communication au Congrès de la Paix tenu à Rome en 1911, par M. Yves Guyot. In-8.

La hausse du prix des denrées et le protectionnisme. In-8. (Extrait de la *Revue économique de Bordeaux.*)

Pour recevoir ces publications, il suffit d'en exprimer le désir à M. le secrétaire général de la Ligue du Libre-Échange, à la *Librairie Félix Alcan.*

LE BILAN
DU PROTECTIONNISME
EN FRANCE

AVANT-PROPOS

LA LIGUE DU LIBRE-ÉCHANGE

Une *Ligue du libre-échange* a été fondée récemment par un groupe important d'économistes, d'industriels et de négociants[1]. Pour

1. Le siège social de la Ligue est au bureau du *Journal des Économistes*, 108, boulevard Saint-Germain.

Le bureau a été constitué comme suit :

Présidents d'honneur : MM. De Molinari, correspondant de l'Institut; F. Passy, de l'Institut; Levasseur, de l'Institut; Marc Maurel, négociant; Aynard, banquier, député.

Président : Yves Guyot.

Vice-Présidents : Schelle, ancien président de la Société de statistique; Biard d'Aunet, ministre plénipotentiaire honoraire; Hennessy, député; L. Vacquez, industriel.

Trésorier : Jouanny, ancien industriel.

Trésorier adjoint : Paul Renaud, ingénieur-conseil.

Secrétaire général : Daniel Bellet, professeur à l'École des sciences politiques.

Secrétaire adjoint : G. Paturel, industriel, expert en

pouvoir accomplir sa tâche, elle doit dissiper l'ignorance économique, d'autant plus dangereuse que, le plus souvent, elle est inconsciente.

Les fondateurs de la ligue n'ont pas l'illusion de croire qu'ils parviendront à faire disparaître du jour au lendemain tous les obstacles apportés par les lois douanières aux relations internationales; ce qu'ils entendent réclamer, c'est la conclusion de traités de commerce ayant une durée assez longue pour assurer à l'industrie et au commerce la stabilité dont ils ont besoin et les mettre à l'abri des changements de tarifs que les commissions des Chambres provoquent trop fréquemment, sans motifs bien justifiés, pour satisfaire aux sollicitations de quelques intéressés.

Les fondateurs de la ligue se placent donc sur un terrain pratique; mais ils ne croient pas, à l'instar de tant de gens de notre temps, devoir dissimuler leurs opinions : ils sont libre-échangistes et ils le disent, persuadés que la suppression des barrières douanières, prétendues protectrices de l'industrie

douanes, conseiller du commerce extérieur.

La Ligue a perdu trois de ses présidents d'honneur : Marc MAUREL, LEVASSEUR et DE MOLINARI, morts récemment.

nationale, serait un bienfait pour leur pays.

Au fond, la théorie du libre-échange n'est que l'application aux échanges internationaux des principes universellement admis sur la division du travail.

Il y a 2.300 ans environ que l'Ecole Socratique a dit : « Nous ne naissons pas tous avec les « mêmes talents ; les choses iront mieux si « chacun se borne à son métier. »

Personne ne conteste la vérité de cette antique observation ; nul n'ignore que la division du travail permet à chacun de choisir la profession qui correspond le mieux à ses aptitudes ; qu'adonné à la même tâche, l'individu acquiert plus de dextérité, et qu'ainsi, la spécialisation des professions accroît, pour la qualité et pour la quantité, la productivité humaine.

De même, les choses iront mieux dans le monde le jour où chaque pays tirera de son sol et du génie de ses habitants ce que son sol et ses habitants peuvent fournir de mieux au meilleur marché, et où il achèvera de pourvoir à ses besoins en obtenant des autres pays par voie d'échange, sans essayer de les concurrencer à perte, ce que ceux-ci produisent de mieux au meilleur marché.

Chaque sol et chaque race ont, en réalité,

leurs qualités propres ; dans chaque localité, pour ainsi dire, la population a des aptitudes particulières qui la rendent habile ou malhabile à exécuter tel ou tel travail : le vin de Champagne est universellement estimé ; les ouvrières de Paris n'ont pas de rivales pour les ouvrages de modes ; même dans les genres d'industrie où le machinisme domine, on constate, selon les lieux, des différences dans les facultés productrices des travailleurs.

Et cependant les préjugés sont tels que la jalousie commerciale est toujours ardente entre les nations. On n'envie pas son cordonnier parce qu'il fabrique des souliers qu'on serait incapable de faire soi-même, et l'on jalouse un pays voisin parce qu'il peut livrer une espèce de marchandises à de meilleures conditions qu'on pourrait le faire. La certitude d'une supériorité sur ce pays voisin pour un produit atténue à peine les sentiments d'envie que l'on éprouve en face d'une constatation d'infériorité pour un autre produit.

Que ces sentiments soient excessifs et irréfléchis, on s'en rend compte à l'évidence, en considérant quelques marchandises : il faut bien consentir à être, comme on dit, tributaire de l'étranger, pour les métaux et pour les combustibles que le territoire indigène ne fournit pas ; il faut bien acheter de l'or ou de la houille au dehors quand on n'en a pas chez soi. Pour certains produits alimentaires, on est bien forcé d'admettre qu'on en fera venir de l'étranger, si l'on veut en consommer. Les agriculteurs anglais, quelque ingénieux qu'ils puissent être, ne feront jamais pousser la vigne sur les collines de la Grande-Bretagne ; les Savoyards ne couvriront jamais de bananiers les flancs des Alpes. Il y aurait pourtant beaucoup de mérite, si le mérite dépendait uniquement de la difficulté vaincue, à accomplir des tours de force de ce genre. Il y en aurait plus assurément qu'à s'évertuer à fabriquer médiocrement un produit dont, par suite de circonstances diverses, un pays voisin a le monopole.

Avec le libre-échange, chaque nation aurait ses spécialités : des produits, ou des variétés de produit, seraient fabriqués par un grand nombre d'entre elles ; d'autres produits, ou d'autres variétés, ne le seraient que par deux ou trois, même par une seule. La concurrence des besoins d'un côté, celle des fabrications de l'autre, détermineraient les quantités à produire et limiteraient les exigences, sans qu'aucun gouvernement eut à s'en mêler.

Le protectionnisme a un tout autre aspect ;

il a pour but de favoriser la fabrication de produits qu'on est incapable de faire soi-même aussi bien et à aussi bon compte que l'étranger. Il oblige les consommateurs indigènes à acheter des produits plus chers et moins bons qu'ils pourraient, par le seul motif que ces produits sont indigènes.

Économiquement, ce système est insoutenable ; on ne saurait l'appuyer que sur des considérations d'ordre politique ou d'intérêt particulier : aucun homme de science ne le défend ; aucun des arguments successivement avancés par ses partisans n'a résisté à un examen attentif ou à l'expérience des faits. Il s'est néanmoins développé largement et il a toujours de nombreux partisans. Mais on peut dire qu'il est parvenu à son apogée, c'est-à-dire à son déclin.

L'Angleterre, avec la Belgique, la Hollande et le Danemarck, a échappé à la contagion générale. Les tentatives faites pour attirer au protectionnisme, par esprit d'imitation, nos voisins d'Outre-Manche ont complètement échoué.

En Allemagne, le joug des agrariens semble pesant. Aux États-Unis, les producteurs protégés ont devant eux un marché presque aussi étendu — étant donnée la population toujours croissante de ce grand pays — que celui qu'offrirait l'Europe occidentale si elle était débarrassée de toutes frontières ; cependant, les barrières douanières y auraient été abaissées, cette année même, du côté du Nord par le *Reciprocity Agreement*, sans l'intransigeance des protectionnistes canadiens.

Chez nous, on commence à sentir les effets de notre politique douanière ; on commence à comprendre qu'elle nous a causé des pertes irréparables par les guerres de tarifs qu'elles a provoquées. Nos relations avec la Suisse et avec l'Italie ont été réduites ; des débouchés que nous y trouvions ont été perdus.

La politique protectionniste, quoiqu'on ait osé parfois soutenir le contraire, est une politique de renchérissement artificiel. Ou les droits protecteurs sont sans action sur les prix, et alors on peut les supprimer ; ou ils majorent à l'intérieur les prix de vente des marchandises dont les similaires sont taxées à la frontière. Il y a là un dilemme dont on ne saurait sortir. Sans doute, le renchérissement n'apparaît pas toujours ; le développement du machinisme et d'autres causes économiques ont amené au cours du xixᵉ siècle une baisse générale des prix dans le monde, de sorte que les effets de la protection douanière ont pu être parfois masqués; mais, pour les produits dont il est possible de suivre les cours simultanément sur les marchés de la France et sur ceux de l'étranger, pour le blé par exemple, on constate que, dans les temps de cherté, c'est-à-dire de disette, les droits de douane surélèvent les prix d'une somme au moins égale au montant de ces droits. La protection douanière renchérit le prix du pain quand il est déjà renchéri par la disette. C'est là un fait indéniable.

D'une manière plus générale, nous sommes entrés dans une période de hausse universelle des prix qui — beaucoup d'économistes compétents le croient — n'est pas près de prendre fin; le protectionnisme accentue pour nous la hausse, et nous la fait déjà cruellement sentir.

On répond qu'il ne faut pas songer exclusivement aux intérêts des consommateurs et qu'il faut se préoccuper aussi des intérêts des producteurs. Mais le protectionnisme promet aux producteurs plus d'avantages qu'il ne leur en procure et ceux qu'il leur procure sont éphémères. La preuve, c'est que les droits ne satisfont pas longtemps les protégés; ils sont surélevés sans cesse par de nouvelles lois douanières, et ne sont jamais abaissés. Cela se conçoit : l'arrêt des produits étrangers à la frontière, c'est-à-dire la suppression de la concurrence de l'extérieur, excite à l'intérieur la production et la concurrence ; tous les protégés se mettent à courir après les profits que la protection a procurés tout d'abord à quelques-uns ou qu'elle fait espérer ; les prix baissent ; la protection est sans effet.

On ne peut pourtant élever les droits indéfiniment ; on ne peut faire revivre les prohibitions absolues qui ont été définitivement abolies au milieu du siècle dernier ; on ne peut supprimer complètement les moyens de communication perfectionnés ; on ne peut détruire les chemins de fer et couler les paquebots ; on ne peut annihiler les effets du colossal effort qu'ont accompli la génération précédente et la génération actuelle, en dépenses et en découvertes, pour effacer les distances entre les hommes, car c'est à cette opération sauvage qu'aboutirait le protectionnisme s'il était poussé à son terme logique.

Néanmoins, en 1910, notre tarif a été une fois encore fortement surélevé.

Que toutes les augmentations aient été motivées par des besoins réels, que toutes les taxes aient été établies en pleine connaissance de cause, les défenseurs même de ces taxes

1.

ne l'affirment point. Ce qui est certain, c'est
· ie les principaux clients de la France ont
,·r ·esté; c'est que l'Angleterre et la Belgique
ont songé à user contre nous de représailles.
Les libres-échangistes que cette dernière nation
compte chez elle ne parviendront peut-être
pas à l'empêcher d'user de ce moyen de
défense, aussi fâcheux pour elle que pour
nous.

Ainsi, le protectionnisme fait surgir et en-
tretient entre les nations des causes de conflit
qui renaissent à chaque changement de tarifs.
Avec le libre-échange, au contraire, ces causes
disparaîtraient; les peuples s'achemineraient
peu à peu vers la paix universelle bien plus
efficacement que par une funeste propagande
antimilitariste, bien plus sûrement que par
de vaines tentatives de désarmements simultanés.

Les fondateurs de la *ligue* ne peuvent oublier
l'idéal que le libre-échange offre aux cœurs
généreux.

Mais, dans l'état actuel des esprits, en présence des préjugés qui de tous côtés nous
environnent, ils ne croient pas pouvoir, quant
à présent, en poursuivre la réalisation.

Ils admettent aussi, quoique cette opinion
craintive soit contestable, que le passage d'un

régime de restrictions à un régime absolument contraire ne saurait être effectué brusquement. Ils se rattachent au système des traités de commerce, parce qu'il est à la fois le plus doux des moyens de transition possibles et celui dont les chances d'adoption sont les plus grandes.

Contre les excès du protectionnisme, les consommateurs doivent se défendre ; et par consommateurs, il ne faut pas seulement entendre ceux qui, en dernière analyse, usent des produits protégés pour leur usage personnel et quotidien ; il faut y comprendre tous les producteurs qui se servent de produits protégés, soit qu'ils emploient de la houille et des machines, soit qu'ils transforment des matières déjà en partie transformées. Or, la majorité des producteurs est dans ce cas. Beaucoup d'entre eux, sans doute, peuvent se croire désintéressés de la question parce que des droits de douane existent en faveur de leur industrie particulière, mais ces droits, en admettant qu'ils agissent efficacement, ne compensent pas toujours, pour l'intérieur, le renchérissement qui résulte des droits sur les machines ou sur les produits de première transformation et ils n'atténuent pas toujours, pour l'extérieur, la difficulté qu'éprouvent les producteurs, du fait du renchérissement, pour atteindre les prix de revient qui permettraient les exportations.

Doivent se défendre, à plus forte raison, les industriels et les négociants qui font des opérations à l'étranger et qui ont à craindre que, par représailles, les marchés, actuellement ouverts, ne se ferment en totalité ou en partie ; les vins, les modes, la laine, la soie ont été appelés et peuvent être encore appelés à payer la protection donnée au tissage du coton, à la métallurgie ou à quelque autre industrie privilégiée.

C'est pour éviter de telles éventualités que les traités de commerce sont utiles. Ils lient successivement toutes les nations entre elles par la clause de la nation la plus favorisée ; ils protègent les peuples contre les fantaisies de leurs propres gouvernants et des gouvernants étrangers.

Le jour où tous les hommes comprendront qu'il est absurde de faire des inventions tendant à faciliter les communications entre eux, et de restreindre en même temps leurs relations mutuelles par des frontières artificielles, plus difficilement franchissables que les frontières naturelles, n'est pas encore venu. Grand serait l'homme d'Etat qui, en s'appliquant à provoquer des traités entre sa nation et les autres, les enchaînerait entre elles par des liens durables et affranchirait pour long-temps le commerce du monde des risques que lui font courir la politique électorale et les sollicitations individuelles dans chaque pays !

Les fondateurs de la Ligue du Libre-Échange n'ont pas pour eux-mêmes une ambition si haute ; ils espèrent seulement que le groupement qu'ils ont organisé sera le centre de l'agitation nécessaire pour aboutir à un ré-sultat tangible et le trait d'union de tous les Français qui aspirent déjà à un régime plus libéral, ou qui, après un peu de réflexion, verront les dangers du régime actuel.

Faciliter à ces derniers les moyens de se dépouiller des préjugés dont ils sont enveloppés est l'objet de ce petit livre. Il n'y est guère exposé que des propositions simples et incon-testables, savoir :

La politique protectionniste est une politique anti-pacifique à l'extérieur ;

Elle est une politique de cherté à l'intérieur ;

Elle est à l'opposé du progrès matériel et moral.

Avant d'entrer en matière et afin d'éviter trop de redites, je ferai des réflexions préli-minaires sur quelques points importants.

I

RÉFLEXIONS PRÉLIMINAIRES

1. — DROITS FISCAUX ET DROITS PROTECTEURS

Le protectionnisme agit par les droits de douane, mais tous les droits de douane ne sont pas condamnables.

Ceux qui sont purement *fiscaux*, c'est-à-dire destinés exclusivement à procurer des ressources au Trésor public sont des impôts, ayant, comme les autres impôts, leurs avantages et leurs inconvénients. Les économistes en discutent, à l'occasion, la quotité ou l'opportunité ; ils ne les repoussent pas en principe.

Les droits de douane *protecteurs* ne sont pas établis dans l'intérêt du fisc, mais dans l'intérêt d'un nombre restreint de producteurs indigènes ; ils sont destinés à empêcher l'importation, c'est-à-dire la concurrence, de certains produits étrangers afin d'élever le prix des produits similaires de l'intérieur ; ce sont les seuls droits de douane dont les économistes demandent la suppression ou l'atténuation.

Deux exemples feront sentir la différence entre les deux espèces.

Premier exemple : par chaque kilogramme de *thé* étranger entrant en France, est perçu à la douane un droit d'environ 2 francs. Pour un produit qui se vendra, tous frais compris, 8 ou 10 francs, cette taxe est élevée ; mais elle a une destination purement fiscale ; elle frappe un produit qui n'a pas de similaires en France, qui n'est pas de première nécessité et qui n'est employé qu'en petites quantités à la fois ; elle est payée par tous les consommateurs français au prorata de leur consommation, et n'arrête pas cette consommation, qui a doublé depuis vingt ans. Le droit sur le thé est un impôt très défendable.

Deuxième exemple : sur chaque quintal de *blé* importé de l'étranger, il est payé à la douane 7 francs ; le blé vaut de 20 à 25 francs le quintal [1]. Ce droit qui est très élevé porte sur le produit le plus nécessaire à l'homme dans nos climats. Il a été établi, non pour procurer des ressources au Trésor, mais pour empêcher l'importation du froment étranger.

---

1. 18f,62 en 1893 ; 27f,12 en 1891, prix moyens.

Quand il remplit complètement son office, aucun sac de blé ne franchit la frontière. Le plus souvent, il provoque une hausse artificielle du prix du blé à l'intérieur ; en effet, un négociant étranger, à moins de vouloir se ruiner, n'importe une marchandise que s'il a des chances de la vendre au moins aussi cher qu'elle ne lui coûte dans son propre pays. S'il a à payer 7 francs par quintal à la douane, il n'importera de blé que si le prix de vente en France excède de 7 francs ou à peu près le prix à l'étranger. Tant que la différence entre les deux prix ne sera pas voisine de 7 francs, les vendeurs de froment indigène n'auront guère à craindre la concurrence étrangère et pourront élever leurs prix de vente jusqu'à ce que la hausse atteigne environ 7 francs.

Les consommateurs de froment et des produits qui en dérivent, tels que la farine et le pain, seront, en conséquence, obligés de payer ces produits beaucoup plus cher qu'ils ne les paieraient avec le libre-échange.

Supposons que dans une année, il y ait, pour la consommation intérieure, 70 millions de quintaux de froment achetés et vendus en France, dont 10 millions importés de l'étranger et 60 millions tirés du sol indigène. Le Trésor public encaissera 7 fois 10 millions, ou

70 millions en droits de douane; les producteurs indigènes encaisseront, en majorations artificielles des prix à l'intérieur, 7 fois 60 millions ou 420 millions. Quant aux acheteurs de froment qui forment la population entière de la France, à l'exception des cultivateurs consommant sur place leur propre blé, ils auront à payer en trop 7 fois 70 millions ou 490 millions. Devenus plus pauvres de cette énorme somme, ces consommateurs devront se priver d'une foule de satisfactions.

Comme le disait Cobden, le droit sur le froment ressemble à un personnage mystérieux qui vient s'asseoir à la table de chaque famille et qui, à chaque distribution de pain, en prend pour lui un morceau qu'on ne revoit plus.

Avec le droit purement fiscal, il n'y a qu'une seule partie prenante, le *fisc*; avec le droit protecteur, il y en a tantôt une seule qui est le *producteur indigène* et tantôt deux, *le fisc et le producteur;* mais l'intérêt du fisc n'est pas le même que l'intérêt du producteur. Quand l'importation cesse, ce dernier doit être satisfait, selon le système protecteur, et le fisc voit ses ressources disparaître; quand l'importation augmente, le producteur doit gémir, selon le même système, mais l'État fait de belles recettes, et se trouve dans la position d'un spéculateur qui aurait mis ses espoirs dans la famine [1]. En temps de grande abondance, l'État ne perçoit rien, puisqu'on ne consomme pas alors de blé étranger ; en temps de disette, il emplit ses caisses.

Je reviendrai amplement sur ce sujet ; je veux seulement dès les premières pages de ce livre mettre en garde les lecteurs contre un des principaux sophismes protectionnistes.

2. — Protection et prohibitions

La *protection* consiste à supprimer ou à limiter, au moyen de droits de douane, la concurrence de l'étranger et ce, dans l'intérêt exclusif des fabricants de certains produits.

D'autres procédés de protection pourraient être employés en faveur de telles entreprises ou de telles industries. On pourrait recourir, par exemple, à des *subventions* directes en argent. Avec ce procédé, les contribuables seraient frappés à la place des consommateurs, mais les charges de la protection

---

1. En général, les importations de blé suivent à peu près la même marche que les cours. Il en a été ainsi, par exemple, de 1899 à 1907 ; il y a exception quand les conditions climatériques sont très différentes dans les divers pays producteurs de blé.

seraient plus visibles. On pourrait s'en débarrasser lorsque leur inutilité apparaîtrait. Soyez dès lors certains que ce procédé plein de franchise ne contenterait point les solliciteurs de protection.

Jadis, pour supprimer la concurrence étrangère, on avait recours aux *prohibitions*, c'est-à-dire qu'on interdisait totalement l'entrée en France de tel ou tel produit étranger. L'usage de droits de douane, non absolument prohibitifs et dits protecteurs, est un système plus moderne ; il est en apparence plus savant et moins brutal que l'autre ; au fond, il n'en diffère que par le degré de puissance ; un droit élevé équivaut à une prohibition absolue ; un droit, même peu élevé, empêche plus ou moins l'entrée des marchandises étrangères. Quand la taxe douanière n'assure pas aux producteurs indigènes un monopole complet, elle leur donne toujours un monopole plus ou moins étendu.

Au temps des prohibitions, la *contrebande* atténuait d'ailleurs, dans une certaine mesure, les effets de l'interdiction légale. L'échange entre les hommes est pour eux d'une telle nécessité que la masse de la population a toujours favorisé la contrebande. Il y a peu d'années encore, les voyageurs les plus honorables pratiquaient la fraude, en dissimulant dans leurs bagages des marchandises prohibées ; les fabricants se procuraient quand même les produits étrangers dont ils avaient besoin ; les manufacturiers de Tarare, qui étaient obligés de se servir, pour leur fabrication, de coton filé en Angleterre en recevaient au su et au vu de l'administration.

En 1834, dans une enquête commerciale, il fut constaté que par suite de l'exigence des consommateurs, les négociants et les marchands vendaient couramment des produits entrés en fraude. A cette époque, par ordonnance du 2 juin 1834, Duchâtel fit lever les prohibitions sur les fils à tulle ; le 18 avril 1836, le directeur des douanes, de Gréterin, déclara à la Chambre des Députés que la levée de la prohibition avait atteint son véritable but qui était de faire arriver par la voie légale une très forte partie des cotons filés, servant aux métiers à tulle, et qu'en une année, l'État enlèverait à la fraude une somme d'un million.

Les marchandises prohibées franchissaient la frontière tant que les prix de vente à l'intérieur étaient capables de couvrir les frais et les risques de l'opération. Ces risques étaient gros ; il fallait exposer des vies humaines.

Cependant la contrebande fut à certains moments organisée savamment et les gouvernements qui la combattaient étaient obligés de reconnaître que les prohibitions étaient abusives, car ils accordaient des licences qui permettaient aux titulaires de faire le commerce interdit aux autres.

Aujourd'hui, il n'existe plus de prohibitions proprement dites ; la sortie des chiens de forte race par terre est défendue dans un intérêt de police douanière ; l'entrée des contrefaçons en librairie, des produits portant de fausses marques, des produits similaires des produits des monopoles de l'État, tels que le tabac, est interdite, ainsi que l'entrée des marchandises assujetties à des mesures de police sanitaire. Les économistes n'ont pas d'objections de principe à faire à ces dispositions restrictives ; ils ne critiquent que les abus : sous prétexte d'hygiène, les agrariens ont obtenu, sans motifs réels, l'arrêt prolongé des importations en France de diverses denrées étrangères, de la viande de porcs allemands, des pommes de terre américaines, etc. C'est encore un sujet dont je reparlerai.

3. — La balance du commerce

Le protectionnisme suppose qu'il appartient aux gouvernants, et qu'ils ont la puissance de diriger le commerce et l'industrie de telle manière qu'ils enrichissent leur pays. Cette confiance dans l'action gouvernementale n'est guère justifiée par les faits. Turgot a dit avec plus de raison : « Les particuliers « sont-ils intéressés au bien que vous voulez « leur procurer : laissez-les faire, voilà le « grand, l'unique principe. »

En matière économique, les erreurs des gouvernants sont innombrables; ils ont été longtemps, ils sont encore souvent les partisans ignorants de systèmes absurdes, tels que le *système mercantile* ou de la *balance du commerce*.

Dans les transactions de la vie quotidienne, on paie ce que l'on doit avec de l'argent; dans le gros commerce intérieur ou international, on paie avec des traites qui circulent de banque à banque, de pays à pays; l'or et l'argent se voient à peine.

Chaque année, nous exportons pour 5 milliards de marchandises ; les étrangers en introduisent chez nous pour 5 milliards 1/2.

Si les transactions se faisaient en or et en argent, il y aurait entre la France et l'étranger un mouvement en numéraire de plus de 10 milliards. La douane accuse une importation de 1.200.000 francs, à peine, de métaux précieux. Sans doute, elle ne note pas tout le mouvement en numéraire ; mais les sommes qu'elle ne connaît pas et qui sont celles que les voyageurs emportent dans leurs portefeuilles et dans leurs porte-monnaie ne s'élèvent assurément point à 9 milliards.

Que représente dès lors la *balance du commerce ?* C'est, dit-on, la différence entre la valeur des importations et la valeur des exportations ; quand cette différence est positive, l'étranger doit à la nation, et celle-ci s'enrichit parce qu'elle recevra une forte somme d'or et d'argent ; quand la balance est négative, la nation doit à l'étranger et elle s'appauvrit, parce qu'elle paiera de l'or et de l'argent à l'étranger.

C'est confondre la richesse et les métaux précieux qui n'en sont que la représentation. Richesse, c'est pouvoir. Etre riche, c'est avoir les moyens de se procurer des satisfactions ; un particulier qui possède 100.000 francs de marchandises vendables est aussi riche que celui qui a 100.000 francs en argent. Une nation qui produit des objets échangeables est plus riche que celle qui n'a qu'une somme improductive de métaux précieux. Il importe peu qu'elle paraisse devoir ou ne pas devoir d'argent à l'étranger.

Les statistiques douanières sont incertaines; les opérations commerciales ne se soldent pas au 31 décembre de chaque année, date des statistiques; aucune nation n'a de compte commercial avec une autre nation ; ce n'est pas l'Angleterre qui fait des affaires avec la France; ce sont des Anglais qui vendent et achètent à des Français; ce sont des Français qui doivent à des Allemands, à des Belges ou à des Anglais. Le mouvement des créances et des dettes particulières est universel et perpétuel; il ne se clôt à aucune date et ne se limite à aucune frontière. La balance réelle des opérations commerciales entre nations est inconnaissable.

Enfin, si le système mercantile était bien fondé, la plupart des pays civilisés seraient depuis longtemps ruinés, car le montant en argent de leurs importations dépasse presque toujours celui de leurs exportations et le protectionnisme n'a pas empêché qu'il en soit ainsi. De 1890 à 1908, la balance a été défavorable en France, en Angleterre, en

Allemagne, en Belgique, en Hollande, en Suisse, en Italie, en Suède, en Norvège, en Danemarck. Elle n'a été favorable que dans certaines années en Espagne et en Autriche ; elle n'a été constamment ou presque constamment favorable qu'aux États-Unis, dans la République argentine, dans l'Urugay, au Chili, dans l'Australasie, en Égypte.

Que conclure de là, sinon que la balance du commerce tirée des états de douane ne signifle rien. Voici pourtant ce qu'on a pu lire dans le rapport à la Chambre des députés qui a servi de base à la loi de 1910 par laquelle a été aggravé notre tarif douanier :

« L'ancienne théorie de la balance com-
« merciale, chère à certains économistes du
« siècle dernier, n'a qu'une valeur relative. Le
« chiffre des importations peut dépasser le
« chiffre des exportations pendant une longue
« suite d'années sans que l'État où se déroule
« ce phénomène soit ruiné ou même exposé
« à une banqueroute prochaine. L'observation
« des faits prouve qu'un pays peut s'enrichir
« tout en ayant en permanence un déficit
« important dans son commerce étranger. Il
« faut tenir compte, en effet, des sources de
« revenus d'ordre extérieur qui n'apparaissent
« pas dans les statistiques administratives

« Nous citerons, en première ligne, l'expor-
« tation invisible d'objets importants : ar-
« ticles de modes, nouveautés, costumes, lin-
« gerie, bijouterie, joaillerie, produits artis-
« tiques, etc. achetés en France par les
« étrangers qui voyagent ou séjournent tem-
« porairement chez nous. Ces articles passent
« la frontière, directement et sans déclaration,
« dans les malles et les valises de leurs acqué-
« reurs ; puis les revenus des valeurs étran-
« gères, des capitaux indigènes placés à l'exté-
« rieur, les dépenses des touristes étrangers
« qui impliquent un apport considérable de
« numéraire, particulièrement en France, et
« contribuent, dans une large mesure, à com-
« penser et au delà le déficit commercial
« relevé dans les statistiques annuelles.

« Néanmoins, la balance commerciale de-
« meure l'un des éléments essentiels du
« bilan national par rapport à l'étranger. La
« courbe qu'elle décrit d'une période à l'autre
« est un signe indicatif précieux de la marché
« des affaires, des progrès de la production
« agricole et industrielle, du développement
« des échanges internationaux, de l'accrois-
« sement des ressources et de la richesse
« publique. »

Que dirait-on d'un physicien qui ferait des

observations avec un instrument que, par d'excellents arguments, il aurait tout d'abord reconnu incapable de mesurer quoi que ce soit ?

4. — Droits compensateurs

Les protectionnistes ont encore essayé de justifier leur système en décorant les droits protecteurs du nom de *droits compensateurs*. « Il faut, ont-ils dit, que les marchandises étrangères paient en France une quantité d'impôts égale à celle qu'ont payée nos propres produits. »

Comme les droits, dits protecteurs et compensateurs, sont destinés à élever le prix des produits indigènes protégés, en arrêtant à la frontière les produits étrangers, il en résulte que les consommateurs paient sur les produits protégés deux fois les mêmes impôts : une première fois parce que les impôts payés par les producteurs sont entrés dans les frais de production des marchandises et sont remboursés avec le prix de vente normal par les consommateurs ; une seconde fois parce que ce prix normal est surélevé artificiellement par les droits dits protecteurs et compensateurs. C'est là, on l'avouera un mode étrange de compensation. Se figurer que les fabricants supportent des charges d'une manière continue sans les reporter sur les acheteurs de leurs produits est une conception par trop naïve des phénomènes économiques [1].

On a prétendu aussi que notre industrie avait besoin de protection parce que nos impôts étaient plus lourds que partout ailleurs; on n'a jamais pu prouver que les charges fiscales en France soient plus lourdes que dans d'autres pays voisins [2]; en tout cas, il serait inepte et inique de vouloir punir les consommateurs de ce qu'ils ont trop à payer comme contribuables.

Les raisonnements protectionnistes supposent toujours, plus ou moins, ou que personne ne supporte les frais de la protection, ce qui est évidemment absurde, ou que les droits de douane sont supportés par l'étranger, ce qui est non moins absurde. S'il en était ainsi, les ministres des Finances équilibreraient facilement leurs budgets ; ils n'auraient qu'à augmenter les droits de douane et, par ce procédé, ils reporteraient sur l'étranger tout le fardeau des dépenses publiques ; un pays libre-échan-

1. Voir plus loin le chapitre relatif à l'Incidence.

2. La variété des charges rend la comparaison presque impossible.

giste comme l'Angleterre, entouré de pays protectionnistes, prendrait à son compte tous les impôts de l'univers !

5. — LA PROTECTION NATIONALE

Enfin, pour colorer leur politique d'un vernis de désintéressement patriotique, les protectionnistes parlent constamment de l'*Industrie Nationale*, du *Travail National*, de l'*Agriculture Nationale*, en mettant à ces mots d'aussi grandes lettres qu'en mettent les socialistes des diverses nuances pour parler de l'*État* ou de la *Société*.

Les protectionnistes disent qu'il faut réserver le *Marché national* à l'*industrie nationale*; c'est leur plus belle formule. Mais comme le faisait un jour remarquer feu mon ami Jules Fleury : « La question est de savoir si le marché français doit appartenir à tous les Français, ou s'il ne doit appartenir qu'à quelques-uns[1]. »

En effet, la protection ne s'étend pas aux consommateurs ; elle est organisée contre eux ; et si généreuse qu'elle soit pour l'agriculture et l'industrie, elle n'embrasse pas tous les pro-

---

1. Les *Effets du Protectionnisme*. Discours à la réunion des associations ouvrières, le 18 octobre 1891.

ducteurs. Protéger les métallurgistes, les filateurs, les tisseurs, les sucriers, les producteurs
de blé, les éleveurs, etc., n'est pas protéger *tout*
le travail national ; des professions en grand
nombre sont laissées en dehors de la législation
douanière et, pour ces professions, la protection accordée aux autres contribue à élever le
coût de leur production et en conséquence à
fermer leurs débouchés. Aucune industrie ne
concourt plus qu'une autre à la richesse nationale. Avec un produit quelconque, on peut
acheter par l'intermédiaire de l'argent ou des
effets de commerce un autre produit quelconque. Avec des souliers, un cordonnier peut
avoir tous les objets qu'il lui plaît, s'il a assez
de souliers pour les payer.

Toutes les industries et toutes les professions
produisent des objets ou des services échangeables ; elles concourent donc toutes à créer
la richesse nationale. Mais elles y concourent
à un moindre degré quand on les empêche de
s'approvisionner au meilleur marché.

« Comment, disait récemment M. Artaud,
« Vice-Président de la Chambre de commerce
« de Marseille[1], j'ai le droit de brûler une

1. Discours à la distribution des prix aux élèves de l'École
supérieure de Commerce et des Cours de Mécaniciens
(27 juillet 1911).

« grange qui m'appartient, si ce procédé de
« démolition me paraît avantageux, et je
« n'aurais pas le droit de disposer du produit
« de mon travail, en faveur de celui qui me
« le paiera le plus cher sous prétexte que cet
« acheteur est italien ou espagnol; la transac-
« tion avantageuse pour moi serait nuisible
« à mon pays? A la rigueur, on voudra bien
« me permettre de vendre cher à un italien
« ou à un espagnol, mais pas de lui acheter
« bon marché. Comme s'il y avait une dif-
« férence entre vendre cher et acheter bon
« marché, et comme si, dans les deux cas,
« la transaction ne se terminait pas par une
« somme d'argent restant en mes mains. »
Les vues protectionnistes sont d'ailleurs
changeantes. Sous l'ancien régime, les gouvernants protégeaient la soie, le drap et la toile,
mais ne protégeaient pas le blé : au contraire,
pour prévenir l'effervescence du peuple des
villes, ils voulaient que cette denrée fût à bas
prix et employaient dans ce but contre les agriculteurs des moyens divers de coercition.
Aujourd'hui, les gouvernants n'ayant plus à
songer à des famines possibles et n'ayant
plus peur du peuple à ce sujet, protègent le
blé et la viande, c'est-à-dire que pour ces denrées, la rareté et la cherté leur semblent

préférables à l'abondance et au bon marché.

Il n'y a pas encore très longtemps, les gouvernants protégeaient par des droits de douane la production de la laine brute et interdisaient en France l'entrée du coton brut; le coton était un produit anti-national et la laine un produit national. Aujourd'hui la laine et le coton bruts franchissent avec une égale liberté la frontière; le mouton n'est qu'à moitié national; il n'est plus protégé que pour sa viande.

6. — LES MATIÈRES PREMIÈRES

Thiers, en prenant de l'âge, s'était attaché en économie politique aux vues les plus surannées. Il voulut, en 1871, établir un impôt sur les matières premières. L'Assemblée nationale résista; le 19 janvier 1872, Thiers donna sa démission de Président de la République, puis la retira. Malgré le succès de la politique protectionniste en France, le principe que les *matières premières* nécessaires à l'industrie ne doivent pas être protégées, c'est-à-dire imposées, est toujours admis. Mais il s'en faut de beaucoup qu'il soit appliqué dans toute son étendue même pour les objets n'ayant donné lieu à aucune fabrication. Les tortues mortes, matière première de l'écaille, les poils en balles, le buis scié et l'osier, matières premières de divers objets, sont frappés de droits de douane. En outre, la houille, indispensable à toute industrie, paie 1ᶠ,20 la tonne, ce qui équivaut aux frais de transport d'une tonne sur 50 kilomètres de chemin de fer au taux de 2 centimes et demi ; enfin le blé, la viande et bien d'autres aliments, matières premières de l'énergie humaine, sont fortement taxés.

Qu'est-ce d'ailleurs qu'une matière première ? Pour beaucoup d'industries, c'est un produit fabriqué. Actuellement, le filateur peut se procurer du coton sans payer de droits, mais le tisseur, dont les fils sont la matière première, est obligé, à moins de payer des droits énormes, de se servir de fils fabriqués en France. Le chemisier est presque obligé d'acheter sa toile en France ; l'ouvrier ne doit pas manger de blé étranger et de viande étrangère.

On se félicite d'être par là indépendant de l'étranger. A bien regarder les choses, cette indépendance consiste à n'avoir pas la permission d'acheter librement les marchandises que la majorité de la représentation décide de ne point laisser importer. Peut-être serait-ce flatter à l'excès cette majorité que d'affirmer que ses décisions sont, en toutes circonstances, uniquement dictées par des considérations conformes à l'intérêt général ?

7. — LE CONSOMMATEUR

Thiers, dont je viens de citer le nom, avait d'abord été libéral. Étant ministre du Commerce, en 1834, il avait déclaré qu'on concevait à la rigueur une protection pour des industries nouvelles qu'il s'agirait d'acclimater dans le pays : mais qu'on ne comprenait pas une protection éternelle pour des industries anciennes. En effet, si depuis des années les entrepreneurs de ces industries n'ont pas réussi à fabriquer aussi bien et à aussi bon marché que l'étranger, c'est qu'ils sont placés dans des conditions telles qu'ils ne sauraient y parvenir, ou bien, qu'habitués à compter sur la protection douanière, ils ne font pas assez d'efforts personnels. Dans ce dernier cas, il est injuste d'obliger les consommateurs à leur payer un tribut. Dans le premier cas, il est anti-économique de persister à fabriquer des produits qu'on est incapable de bien faire et qu'on peut acheter à meilleur marché ailleurs.

Même en temps de guerre, ainsi que l'expérience l'a prouvé, on a toujours les produits dont on a besoin quand on peut les payer.

A entendre les protectionnistes, il semblerait, ai-je dit déjà, que personne ne supporte les frais de la protection ! Marc Maurel, économiste et négociant très versé dans les grandes affaires, eut un jour la hardiesse de vouloir être entendu par une commission douanière ; on lui demanda à quel titre, il répondit que c'était à titre de *consommateur ;* on fut stupéfait. Le consommateur, c'est « tout le monde », et « tout le monde » ne constitue pas un groupe électoral.

Laissant là les considérations générales, je vais entrer dans l'examen des faits. Un préjugé toutefois est encore à signaler auparavant, c'est celui de la jalousie commerciale. Il en sera question dans le chapitre suivant.

II

LA POLITIQUE PROTECTIONNISTE
A L'EXTÉRIEUR
ET LES GUERRES DE TARIFS

1. — LA JALOUSIE COMMERCIALE

Le préjugé auquel je viens de faire allusion
est l'un des plus indéracinables. C'est celui
qui a été retenu par Montaigne en ces termes :
« Le profit de l'un est dommage de l'autre. »
« Le marchand ne fait bien ses affaires
« qu'à la débauche de la jeunesse ; le labou-
« reur, à la cherté des blés ; l'architecte, à la
« ruine des maisons ; les officiers de la justice,
« aux procès et aux querelles des hommes ;
« l'honneur même et pratique des ministres
« de la religion se tire de notre mort et de nos
« vices ; nul médecin ne prend plaisir à la
« santé de ses amis mêmes, dit l'ancien
« comique grec, ni soldat à la paix de sa
« ville ; ainsi du reste. » (*Essais*, I, 21.)
L'illustre auteur des *Essais* a relaté dans

son livre avec infiniment d'esprit les « fantaisies et opinions » des hommes de son temps et de tous les temps. Il a écrit pour s'amuser ; il a amusé sa génération et les générations subséquentes. Mais il a recueilli et soutenu un grand nombre d'idées fausses. Faire de l'esprit consiste à rechercher les plus petites particularités d'un objet pour les mettre en relief au détriment des plus grandes ; faire. de l'esprit peut conduire dès lors à raisonner de travers.

Dans le passage reproduit ci-dessus, Montaigne considère les rapports humains par leurs plus petits côtés ; au lieu de songer au commerce dans son ensemble, il regarde l'usure ; au lieu de s'occuper des bienfaits de l'agriculture, il voit la cherté des blés. Il s'imagine qu'on ne bâtit que pour remplacer des ruines ; il ne veut pas comprendre que la justice est destinée à maintenir le bon ordre, la religion à développer les sentiments moraux, la médecine à débarrasser l'homme des maladies, la paix à éloigner de lui le fléau de la guerre.

Il faut avoir la vue basse pour ne point apercevoir que la plupart des actes humains ont pour fin le bien de l'humanité. S'il n'en était pas ainsi, l'humanité aurait disparu. Chacun cherche son intérêt ; mais en agissant pour soi, on agit aussi pour autrui. Le marchand qui vend a un profit; l'acheteur qui consomme en a un aussi. Il n'y a que la fraude, la violence, la spoliation qui soient des sources de dommages et encore, portent-elles fréquemment leur remède avec elles. Quand un marchand a abusé de la confiance de ses clients, ils ne retournent pas volontiers chez lui. Prétendre que tout est dommage dans les rapports humains est aussi erroné que de prétendre que la maladie est l'état normal de l'homme.

Il en est pour les relations internationales comme pour les relations individuelles.

David Hume l'a prouvé dans une petite dissertation sur la *Jalousie du commerce* qui figure dans les *Essais* qu'il a publiés en 1752 : « Rien « n'est plus habituel, a-t-il dit, de la part des « États qui ont fait quelques progrès dans le « commerce que de considérer d'un œil inquiet « ceux de leurs voisins, de regarder tous les « États commerçants comme des rivaux et de « croire qu'il est impossible à aucun d'eux de « prospérer si ce n'est à leurs dépens. J'ose pré- « tendre en opposition à cette opinion étroite et « mauvaise que l'accroissement des richesses « et du commerce dans une nation quelconque « contribue d'ordinaire à développer, bien loin

« de leur nuire, les richesses et le commerce de
« tous ses voisins et qu'un Etat peut difficile-
« ment pousser très loin son commerce et son
« industrie si les Etats qui l'entourent sont
« plongés dans l'ignorance, dans l'oisiveté et
« dans la barbarie. »

Hume montre d'abord que le commerce intérieur d'un peuple ne peut souffrir de la prospérité des peuples voisins — dans le commerce, il comprend, comme d'usage au XVIII° siècle, l'industrie — et qu'au contraire, le commerce intérieur profite des perfectionnements introduits dans les autres pays. Il montre ensuite qu'aucun Etat ne doit craindre que les États voisins se perfectionnent dans tous les arts, au point qu'ils n'aient rien à lui demander ; au contraire, plus une nation se développe dans l'industrie et plus elle a recours à ses voisins industrieux ; comme ils ont beaucoup de marchandises à donner en échange, ils provoquent, sur une vaste échelle, les importations de produits étrangers. Hume formule sa conclusion en ces termes : « Si la
« politique étroite et mauvaise devait triom-
« pher, elle devrait chercher à réduire
« toutes les nations qui nous environnent
« au même état de paresse et d'ignorance que
« le Maroc et la côte de Barbarie, et quel en

« serait le résultat? les nations voisines
« ne pourraient plus nous envoyer de mar-
« chandises; elles ne pourraient plus nous
« en prendre. Notre commerce intérieur
« lui-même languirait faute d'émulation,
« d'exemples et d'enseignements et nous tombe-
« rions promptement dans la même situation
« abjecte que celle à laquelle nous aurions
« réduit les autres. »

Après Hume, le marquis de Mirabeau
opposa, dans l'*Ami des Hommes*, au principe
« faux et barbare » de Montaigne, le principe
de solidarité humaine, vrai dans la plupart
des cas : « *Nul ne perd que l'autre ne perde* »
et demanda ce qui se passerait si l'on dévas-
tait l'Angleterre.

Bastiat a écrit plus tard : « Il y a des tail-
leurs à Quimper, cela n'empêche pas qu'il y en
ait à Paris; ils ont une bien autre clientèle. »
La prospérité des uns n'empêche pas, en effet,
la prospérité des autres.

Cependant, les préjugés de jalousie commerciale ont toujours été si vivaces qu'ils ont
fait perdre souvent le sens à des hommes qu'on
pouvait croire éclairés.

Au mois d'octobre 1869, afin de donner une
satisfaction morale à certains industriels qui
se plaignaient du traité de commerce de 1860

avec l'Angleterre, le gouvernement impérial ouvrit une enquête administrative à Amiens, sous la présidence du chef de service du commerce extérieur, Ozenne. Au cours des débats, fut demandée la dénonciation du traité. Ozenne fit observer qu'elle n'était pas chose facile, car elle pouvait mettre un terme aux bonnes relations entre la France et l'Angleterre. Un industriel, qui était à la tête des plaignants, Vulfran Mollet, répondit que si, « par suite « de la dénonciation, l'Angleterre suscitait ou « déclarait la guerre à la France, cette guerre « serait nationale en France car elle prou- « verait, à n'en plus douter, que l'Angleterre, à « l'aide du traité, exploitait la France et rui- « nait peu à peu ses industries[1]. »

J'ai connu celui qui fit cette réponse : il avait l'aspect d'un brave homme, et cependant, on le voit, il envisageait l'éventualité d'une guerre atroce avec moins d'horreur que l'abaissement des droits de douane dont lui ou sa région avaient longtemps profité.

---

1. Chambre de commerce d'Amiens, enquête administrative sur les traités de commerce, séance du 28 octobre 1869. Amiens, 1869.

2. — LE COLBERTISME

La politique commerciale de Colbert est un exemple plus grandiose des résultats auxquels conduit l'esprit de jalousie commerciale.

Colbert, ainsi que tous les hommes politiques de son temps, était mercantiliste. Or, le mercantilisme, on l'a vu à propos de la balance du commerce, consistait à confondre l'argent et la richesse, à vouloir retenir l'argent dans son pays et prendre l'argent de l'étranger, à rendre enfin la balance du commerce favorable. Pour y parvenir, on estimait qu'il fallait protéger le commerce *actif*, c'est-à-dire l'importation des métaux précieux, et empêcher, au contraire, le commerce *passif*, c'est-à-dire l'exportation de ces mêmes métaux. Par quels moyens ?

1º En prohibant l'importation des marchandises étrangères autres que les matières premières utiles à l'industrie : tout au moins en frappant les quelques marchandises étrangères, qu'on laissait entrer par tolérance, de taxes élevées que payaient, croyait-on, les importateurs ;

2º En arrêtant la sortie des matières premières indigènes, afin que le prix ne s'en élevât pas à l'intérieur et que, grâce au bon marché, nos produits manufacturés pussent se vendre au dehors plus facilement.

C'est à peu de choses près ce que poursuivent nos protectionnistes modernes.

Bien avant Colbert [1], il y eut des prohibitions et des protections douanières, mais personne n'a jamais mis dans l'organisation du protectionnisme plus de conviction et de ténacité.

Colbert s'efforça, en outre, de réglementer le travail industriel en fixant minutieusement les conditions d'exécution des produits fabriqués. A partir de 1664, 150 règlements furent rédigés ; celui de la teinture, qui date de 1671, n'eut pas moins de 317 articles.

Dans cette intervention incessante du Gouvernement monarchique en matière économique, on ne doit pas voir uniquement une application des erreurs qui régnaient en cette matière. On y trouve aussi une application du oncept gouvernemental autoritaire, qui s'était perfectionné à l'issue du régime féodal et que l'école socialiste a la prétention de faire revivre.

1. Le mercantilisme paraît dater du xve siècle : on en trouve en France des applications sous Louis XI ; il se développa au xvie siècle, sans être ébranlé par les faits qui avaient suivi l'apport, en Europe, de l'or du Pérou et qui tendaient à prouver, pourtant, que l'abondance des métaux précieux ne fait pas la richesse.

Quand le territoire et les sujets appartiennent à un maître, on conçoit que celui-ci en arrive à s'attribuer la mission providentielle de diriger les gouvernés dans les voies qu'il croit les meilleures, matériellement et moralement. La révocation de l'Édit de Nantes et la réglementation du commerce et de l'industrie sont nées, en partie, des mêmes vues : Louvois explique Colbert, et réciproquement. Selon ce concept, le maître fait tout et commande à tout, mais il arrive qu'il se trompe, qu'il prend les signes de la richesse pour la richesse et qu'en réglementant, il fait le désordre.

Lorsque Colbert arriva aux affaires, la France exportait des vins en Angleterre et en Hollande, des toiles en Hollande et en Espagne, des lainages dans le Levant, de la mercerie, de la bonneterie, de la quincaillerie, de la pelleterie en divers pays. Colbert appelait ces marchandises d'exportation les *mines du royaume*, parce que, suivant lui, elles amenaient en France les métaux précieux que notre sol ne produisait pas.

L'Angleterre et la Hollande nous faisaient concurrence : Colbert voulut le leur interdire.

Il y avait dans notre pays, au point de vue des *droits de traite*, ainsi qu'on appelait alors les

droits de douane, trois espèces de provinces :
les provinces des *Cinq grosses fermes*, les provinces *réputées étrangères*, les provinces *à l'instar de l'étranger effectif*. Dans les deux derniers groupes, chaque province avait ses
tarifs particuliers.

Colbert fit, en 1664, un tarif pour le territoire
des Cinq grosses fermes, dont il étendit la
surface; par cette extension, il facilita les
relations mutuelles dans une portion importante de la France et rendit à ses concitoyens
un grand service, mais un service libéral et
non protectionniste, puisqu'il consista à
détruire et non à élever des obstacles au commerce. Il eut même à lutter contre le protectionnisme local et n'osa opérer de vive force.
Derrière les franchises des provinces *réputées
étrangères* ou *à l'instar de l'étranger effectif* se
cachaient des intérêts particuliers, des monopoles locaux, des entreprises de contrebande
pour l'entrée ou la sortie dans les provinces
tarifées; des droits divers de circulation, de
foire, de haut conduit, etc., y étaient perçus
et constituaient des entraves aussi gênantes
que les droits de traite.

En 1667, Colbert fit un autre tarif, dit des
droits uniformes, et mit, en ce qui concerne
plusieurs marchandises, de l'unité dans le

régime d'un plus grand nombre de provinces. Il rendit encore par là un nouveau service, de même nature que le précédent. Les éloges de la postérité peuvent viser la partie libérale de son œuvre, mais doivent s'arrêter là.

Sans doute, dans leur ensemble, les tarifs de Colbert n'étaient pas prohibitifs ; il ne maintint de prohibitions que pour les dentelles, les crêpes, les soies d'Avignon, mais il suréleva les droits de traite sur diverses marchandises et assura au commerce par pavillon français des avantages nuisibles au développement du commerce international. Son prédécesseur, Fouquet, avait défendu, sauf exceptions, les importations de marchandises en France sous pavillon étranger ; Colbert mit un droit de 50 sols par tonneau étranger. Enfin, il confia l'exploitation des colonies à des compagnies privilégiées, dont les agissements ne furent favorables ni aux colonies, ni au commerce.

Ces diverses mesures irritèrent nos voisins. L'Angleterre avait protégé sa marine par plusieurs actes de navigation, notamment par celui de 1660. Elle répondit au tarif de Colbert en frappant nos vins et nos eaux-de-vie (1670), puis en prohibant toutes les marchandises françaises (1677). La prohibition totale fut levée en 1685, mais les droits sur les vins furent augmentés de plus en plus : en 1685, en 1692, en 1698. Ils montèrent, en nombre rond, à 51 livres 2 shellings, tandis que les vins portugais et espagnols ne payèrent que 21 livres 12 shellings. Les autres marchandises furent également surtaxées : de 25 p. 100 en 1692, de 25 p. 100 en plus en 1697, non compris 5 p. 100 pour ce que l'on appelait *l'ancien et le nouveau subside.*

La France répliqua, en 1701, par un tarif analogue; puis la guerre de la Succession d'Espagne éclata; le traité, dit de Méthuen, fut conclu à notre détriment entre l'Angleterre, les Pays-Bas et le Portugal. A la fin du xviiie siècle, les droits sur les marchandises françaises autres que les vins étaient en Angleterre de 75 p. 100; les droits sur les vins atteignaient, en 1784, 96 livres 4 shellings [1], alors que les vins portugais ne payaient que 45 livres 19 shellings. La contrebande atténuait les conséquences de la politique douanière, mais dans une mesure forcément restreinte.

Des faits analogues se produisirent du côté de la Hollande. En 1670, ce pays frappa nos vins : les troupes françaises envahirent son territoire. A la paix de Nimègue, il fallut

---

1. Par tonneau de 252 gallons, ce qui équivalait à 220 francs l'hectolitre.

abandonner le tarif de 1667. Bientôt rétabli, ce tarif dut être abandonné de nouveau à la paix de Ryswick (1697); une convention de 1699 modéra les taxes; le nouveau tarif fut révoqué en 1745, pendant la guerre de la Succession d'Autriche, et l'on revint au tarif de 1664.

Si l'on pouvait mesurer les pertes qui sont nées de cette longue application du protectionnisme, organisée par Colbert et poursuivie par ses successeurs [1] avec moins de modération encore, si l'on pouvait chiffrer le coût des gênes causées par l'instabilité dans laquelle se trouvèrent le commerce et l'industrie pendant certaines périodes, ainsi que des obstacles qui leur furent opposés sous couleur de protection, si l'on ajoutait à ces gênes et à ces obstacles les destructions d'hommes, de munitions, de richesses de tout genre, sans parler des aggravations d'impôt, qui furent la conséquence des représailles et de leur suite, les guerres effectives, on trouverait dans le bilan du colbertisme un passif effroyable; et l'on n'aurait guère à mettre en regard à l'actif — en dehors des avantages qui résultèrent de l'extension des territoires compris dans les frontières des droits de traite — que

_____

1. Colbert mourut en 1683.

quelques profits particuliers assurés à des administrateurs de Compagnies de commerce ou à des industriels privilégiés.

On comprend qu'au xviii° siècle, une réaction se soit produite contre la réglementation, en général, et contre le colbertisme, en particulier, dans une partie du milieu intellectuel, avec les physiocrates, Quesnay et ses disciples, en France, avec Hume et Smith en Angleterre, où les vues politiques n'étaient pas plus saines.

3. — LE PROTECTIONNISME A LA RÉVOLUTION ET LA SUPPRESSION DES DOUANES INTÉRIEURES

En France, à la fin de l'ancien régime, ne pouvaient *entrer* :

Les basins à fleurs soit rayés, soit de coton teint ;
Les boutons d'étoffe ou de crin, ou faits au métier, ou de métal ;
Les droguets ;
Les étoffes de soie ;
Les glaces ;
Les habits confectionnés ;
La maniquette ou cardamone en poudre :
Les manchettes brodées, de Saxe ;
Les broderies sur mousseline ;

Les mousselines autres que celles de la compagnie des Indes ;

Les points de Venise ;

Le poivre en poudre ;

Les cendres de varech ;

Les sardines ;

Le sol :

Les serges peintes en fleurs ou imprimées ;

Les toiles de fil teint ou peint ;

Les étoffes de fil rayé de couleur ;

Les draps contrefaits de la largeur d'une aune un huitième ;

Les cartes à jouer ;

Le café autre que celui des colonies.

Ces prohibitions avaient pour but principa d'attribuer des monopoles à des industries intérieures pourvues ou non d'un privilège exclusif, comme en avait la manufacture des glaces de Saint-Gobain.

A la *sortie*, étaient prohibés sous prétexte de conserver à l'armée, à la marine, à l'industrie, à l'alimentation, les matières dont elles avaient besoin :

Les armes et instruments de guerre ;

Le salpêtre ;

Les selles de chevaux ;

Le bois de chauffage ;

Les bois de construction ou de menuiserie, non ouvrés ;

Le buis ;

Le goudron ;
Les résines ;
Le castor :
Le chanvre et le lin ;
Le charbon de bois :
Les chevaux ;
Les écorces pour le tan ;
Les vieux fers ;
Les fils gris écrus ;
Les fils retors non teints et blanchis ;
Les chiffons et les rognures de peau ;
Les métiers à bas ;
Les chardons à peigner :
Les instruments servant aux manufactures ;
Les rapes :
Le marc de vin ;
Les soies grèges ou teintes :
L'or et l'argent monnayés.

En outre, l'*exportation des grains et farines* était fréquemment défendue et il y avait spécialement pour les *produits de l'Angleterre ou de ses colonies* des interdictions d'entrée embrassant :

Les étoffes ;
La bonneterie ;
La coutellerie ;
La draperie ;
L'horlogerie ;
La ganterie ;
La quincaillerie ;
Les faïences et poteries ;
Les chapeaux ;

Les cuirs tannés et corroyés ;
Les vins et liqueurs ;
Les drogueries non propres à la teinture.

Des arrêts du Conseil atténuaient, à l'égard des particuliers, pour leur propre consommation, la rigueur des prohibitions moyennant des droits de 30 p. 100, plus 10 sols par livre ; la contrebande l'atténuait aussi à l'égard du commerce.

Théoriquement, le mercantilisme fut détruit au xviiiᵉ siècle par les physiocrates et par Adam Smith. Pratiquement, le traité de commerce de 1786 entre la France et l'Angleterre mit fin momentanément aux guerres de tarifs que le mercantilisme avait engendrées.

On aurait pu croire que la Révolution française aurait prolongé l'ère de la liberté économique qui avait été ainsi ouverte : mais les hommes de 1789, bien qu'attachés, au fond, aux doctrines physiocratiques, n'ont fait de réforme commerciale qu'à l'intérieur. Complétant la partie utile de l'œuvre de Colbert, ils ont supprimé les droits de douane intérieurs et reporté toutes les barrières à la frontière de la France.

Cette grande amélioration ne s'accomplit pas sans difficultés ; les droits intérieurs profitaient à nombre de gens; lorsqu'était venu devant l'Assemblée des notables de 1787 le projet d'unification des droits dressé par Calonne et Du Pont de Nemours, les protestations avaient été vives; lorsque le projet fut repris par l'Assemblée Constituante, les intéressés tentèrent de le faire échouer; il aboutit, néanmoins, et les 26 millions d'habitants qui peuplaient la France purent, désormais, faire librement des échanges entre eux.

C'est là un exemple d'affranchissement économique comparable, par son importance, à la formation des États-Unis. La grande nation américaine est née d'une révolte contre le protectionnisme; ce qui ne l'a pas empêchée, il est vrai, par un singulier oubli du passé, d'adopter pour elle, vis-à-vis des autres nations, le système protecteur.

En France aussi, la contradiction fut manifeste. Lorsqu'il s'agit de déterminer les droits à percevoir à la frontière, après l'abolition des douanes intérieures, l'esprit réglementaire prévalut.

Les industriels ont trouvé en tout temps le moyen de faire tourner la force légale à leur profit et de faire confondre leurs intérêts particuliers avec l'intérêt du pays. Sous l'ancien régime, ils agissaient par le Conseil du commerce et par l'Assemblée des députés des manufactures et du commerce, composée en majeure partie de manufacturiers munis de privilèges.

A l'Assemblée Constituante, ils eurent d'assez nombreux défenseurs. Le rapporteur du projet de tarif de douanes, Goudard, négociant à Lyon, déclara, en style déclamatoire, que le commerce, chez un peuple libre, devait être libre, que le commerce ne pouvait prospérer que s'il était dégagé de toute entrave et de toute formalité. Il condamna les prohibitions, les droits d'entrée et de sortie, le tarif de Colbert, les chaînes du génie fiscal. Mais sa conclusion fut que le commerce ne devait se faire qu'entre Français.

Il fit remarquer qu'il ne fallait pas prohiber la sortie du bois feuillard, afin d'en activer la production, et il proposa de grever ce même bois d'un droit de 18 p. 100 à la sortie. Il fut d'avis de frapper de droits de 15, 20 et 30 p. 100 beaucoup de produits et d'en prohiber d'autres, tels que la quincaillerie de fer et d'acier, la bonneterie, les merrains.

La discussion de son rapport eut lieu les 30 novembre et 1er décembre 1790. Il avait été réfuté par deux hommes de mérite : de

Boislandry, fabricant à Versailles, député de Paris ; Farcot, député suppléant [1].

La question fut renvoyée au Comité d'agriculture et de commerce, pour présenter un nouveau projet, après s'être concerté avec le Comité des impositions. Le second rapport de Goudard fut plus modéré en la forme ; mais, par le tarif arrêté le 15 mars 1791, l'Assemblée prohiba vingt-deux articles, de sorte qu'on a pu se demander si le négociant de Lyon, par une coupable supercherie [2], n'avait pas augmenté, après coup, la liste des prohibitions.

A côté du sel, des cartes à jouer, des tabacs, on trouve dans la liste les fils et étoffes mélangés d'or et d'argent, les médicaments composés, les fils de lin et de chanvre, les vêtements, les eaux-de-vie autres que celles du vin, les bateaux de mer. A la sortie, on voit les bois, le tan, le castor, les fleurets, les filoselles. Néanmoins, comparé aux tarifs qui l'ont suivi, le tarif de 1791 peut être considéré comme libéral.

[1]. La brochure de Farcot est peu connue ; elle est intitulée *Questions constitutionnelles sur le commerce et l'industrie et projet d'un impôt direct sur les commerçants et gens à industrie en remplacement des impôts quelconques sur le commerce et l'industrie proposés à l'Assemblée nationale par des négociants français*, rédigés par Joseph-Jean Chrysostôme Farcot, négociant, électeur de 1789 et suppléant de Paris.

[2]. Cette accusation ne paraît pas fondée.

4. — LE PROTECTIONNISME
SOUS LA CONVENTION ET L'EMPIRE

Sous la Convention et sous l'Empire, le régime prohibitif devait nécessairement être renforcé. Ruiner ses voisins fut l'opération économique à laquelle on se livra avec une ardeur croissante. La guerre à l'Autriche fut proclamée en avril 1792 ; la guerre à l'Angleterre le 1er mars 1793 ; les traités de commerce furent annulés ; les prohibitions furent de plus en plus étendues ; on empêcha la sortie des matières qui semblaient nécessaires à la guerre et on en augmenta constamment la nomenclature. Après les céréales, ce furent les laines, les peaux, les bestiaux, le beurre, les châtaignes, le pain, la viande, les chevaux, etc. L'impossibilité de maintenir un tel régime fit réduire les droits d'entrée sur les marchandises de première nécessité, et fit supprimer ensuite, en 1796 et 1797, quelques prohibitions de sortie. Mais sous le Consulat et l'Empire, la réglementation, loin de diminuer, s'accentua ; l'esprit de jalousie internationale était tel qu'en 1798, lorsqu'avait été ouverte à Paris la première exposition de l'industrie, le ministre de l'Intérieur constatant que quelques-unes de nos manufactures avaient de la vitalité, avait dit : « C'est une première campagne et cette campagne est désastreuse pour l'industrie anglaise : nos manufactures sont les arsenaux d'où doivent sortir les armes les plus funestes à la puissance britannique. »

En 1801, 1802, 1806, 1819 s'ouvrirent à Paris d'autres expositions ; on put y voir des inventions ingénieuses, des produits dont la période révolutionnaire avait suspendu la fabrication, des machines nouvelles, des tissus bien fabriqués, mais si ces expositions montraient que notre industrie se développait, il en résultait aussi qu'elle n'était nullement en état de faire une concurrence bien sérieuse à l'industrie anglaise.

C'est beaucoup plus tard, grâce à l'extension des besoins, que nous sommes devenus une nation industrielle. Après nous, les Etats-Unis et l'Allemagne sont parvenus aussi à compter parmi les rivaux de l'Angleterre, mais cette lutte économique n'a jamais arrêté les progrès de l'industrie de nos voisins d'outre-Manche, ainsi que l'avaient annoncé si souvent et l'annoncent encore les *Tartarins* de la protection.

Cependant, Napoléon affichait des opinions mercantilistes. Il donnait des licences d'importation, à la condition d'exporter immédiatement une valeur équivalente en produits français. Comme il fallait payer une prime à la contrebande pour introduire des marchandises en Angleterre, et courir les risques d'être surpris par les croisières, les consommateurs français auraient payé très cher les denrées qu'on aurait amenées en retour des exportations permises. Le service que l'Empereur croyait rendre à son pays était négatif.

Il imagina aussi de contraindre l'industrie française à se servir de lin filé à la main au lieu de coton filé à la mécanique. Le décret du 5 août 1810 porta le droit sur le coton en laine à des taux variant de 600 à 800 francs, suivant les provenances, sauf pour la provenance de Naples.

Comme l'Angleterre usa contre nous des mêmes moyens violents, il y eut, à cette époque, autant ou plus de désordres économiques qu'à la fin du règne de Louis XIV. Entre le Colbertisme et l'Impérialisme, il y a cette différence que, dans le premier système, les guerres de tarifs ont engendré les guerres effectives et que, dans le second, les guerres de tarifs ont été l'accessoire des guerres effectives. Mais les gênes et les ruines ont été de même ordre.

5. — LE PROTECTIONNISME SOUS LA RESTAURATION ET LE GOUVERNEMENT DE JUILLET

Au début de la Restauration et plus tard au début du gouvernement de Juillet, il y eut des regains de libéralisme, mais de courte durée.

En 1831, le roi Louis-Philippe vint en Alsace, et dans une de ces entrevues où presque tout est préparé à l'avance, la Chambre de commerce lui présenta une adresse où l'on put lire : « Nous demandons, Sire, un système de « douanes moins prohibitif, et qui, permettant « à votre gouvernement de traiter avec tous « les États sur le principe d'une juste récipro-«cité, encourage les rapports de peuple à peuple « et facilite par tous les moyens possibles les « débouchés hors de France... La certitude du « maintien de la paix extérieure et de l'ordre « intérieur pourra rétablir la confiance et les « affaires en France, mais avec le développe-« ment qu'a pris notre industrie, elle ne sor-« tira du malaise qui l'accable que quand la « consommation de ses produits pourra fran-« chir les limites dans lesquelles le système « de prohibitions presque universellement « adopté en Europe l'a resserrée... L'industrie

« cotonnière qui, dans son origine, avait eu
« plus particulièrement besoin d'être protégée
« par la prohibition, croit pouvoir s'en passer
« aujourd'hui. »

Trois ans plus tard, Thiers, ministre du Commerce, présenta à la Chambre un projet de loi, pour lever des prohibitions et les remplacer par des droits relativement modérés : 8 à 10 francs le kilogramme sur les cotons filés des numéros 143 et au-dessus, 5 p. 100 sur les tissus de soie pure ou écrus, 6 à 10 p. 100 sur l'horlogerie, etc. En même temps, les droits sur les bœufs auraient été réduits à 7 centimes par kilogramme ; sur les moutons à 12 centimes ; sur les porcs à 12 francs par tête ; sur les chevaux à 25 francs ; sur les laines en masses à 20 p. 100 ; sur les minerais de fer à 10 francs le quintal, etc.

Dans l'exposé des motifs, Thiers, tout en affectant de se tenir aussi éloigné du libre-échange que du système prohibitif, blâma fortement ce dernier et le déclara « insensé » et impossible à maintenir. « On ne comprend
« pas, dit-il, l'utilité d'un tarif qui ne serait
« qu'une hostilité contre une nation. Employé
« comme représailles, il est funeste. Pour
« protéger un produit qui a chance de réussir,
« il est bon temporairement, mais il doit finir

« quand l'éducation de l'industrie est finie.
« Les princes de la branche aînée trouvèrent
« en 1814 le pays fatigué des duretés, des
« absurdités du système continental ; l'admi-
« nistration voulait se borner à protéger par
« des tarifs gradués notre industrie, mais,
« emportée par des passions qui n'étaient pas
« les siennes, elle était contrainte d'établir des
« droits exagérés ; elle proposait, par exemple,
« un droit de 3 francs sur les bestiaux ; une
« Chambre véhémente portait ce droit à
« 30 francs, puis à 50 francs, pour protéger
« les intérêts de la grande propriété.

« On créait dans le même but et par amen-
« dement un droit de 33 p. 100 sur les laines
« qui portait un coup sensible à l'industrie de
« nos draps. En 1822, le droit sur les bestiaux
« fut porté à 50 francs ; il a frappé certaines
« provinces avec une dureté cruelle. Le droit
« sur les laines a produit des effets encore plus
« funestes ; il avait été imaginé pour assurer
« un prix de monopole à de grands produc-
« teurs. Vains efforts ! un droit ne peut rien
« contre la nature des choses, contre la con-
« currence intérieure ; les prix n'ont cessé de
« baisser. »

Après avoir exprimé le regret de ne pouvoir,
à l'imitation d'Huskisson en Angleterre, écouter

les vives clameurs élevées contre les taxes exagérées « qui gênent la reproduction quand « elle frappe sur des matières premières « propres à l'industrie », Thiers ajouta : « En « ma qualité d'administrateur du commerce, « je m'efforcerai toujours de réduire autant « que l'établissement de nos finances le per- « mettra les droits que supportent les matières « destinées aux fabriques et tout ce dont la con- « sommation peut s'alimenter avec profit[1]. »

Les propositions du Gouvernement furent reprises par Duchâtel ; des prohibitions furent levées. Mais bientôt, sous l'influence d'autres chambres « véhémentes », le régime restrictif domina avec l'échelle mobile pour complément comme moyen de protection pour l'agriculture ou, ainsi que l'avait dit Thiers, pour la grande propriété.

La coalition des grands propriétaires et des grands manufacturiers constituait « l'aristocratie de la nouvelle dynastie ».

Figuraient encore sur la liste des prohibitions en 1850 : le sucre raffiné ou candi ; les eaux-de-vie autres que celles de vin, de cerise, de mélasse ou de riz ; la fonte, le fer et la plupart des ouvrages en fer ou en fonte ;

1. *Moniteur* de 1831.

la coutellerie ; la plupart des fils et tissus de coton, de laine, de lin et de soie ; les peaux et cuirs, ainsi que les ouvrages en cuir ; la poterie, la verrerie, les voitures suspendues. « La longue énumération de ces prohibitions montre, a dit justement M. Arnauné[1] ; jusqu'à quel excès avait été poussée la protection manufacturière ; l'ancien régime était dépassé ; la prohibition constituait le régime de droit commun des produits industriels. »

En outre, quand l'entrée était permise, c'était souvent avec des droits si élevés qu'ils étaient prohibitifs. Dans le tarif de 1822, on trouve sur les fils de chanvre ou de lin teints un droit de 133 francs les 100 kilos ; sur la porcelaine fine un droit de 327 francs ; sur les bouteilles un droit de 15 centimes par bouteille pleine ; les bouteilles vides sont prohibées, comme les fils de laine et de coton.

6. — LA FIN DES PROHIBITIONS ET LE RÉGIME LIBÉRAL DE 1860

La réaction vint avec l'emploi de la vapeur et la transformation des moyens de transport.

A· Huskisson d'abord, à Robert Peel et à

1. *Les douanes et le commerce extérieur*, Alcan, 1911.

Cobden ensuite, appartient surtout l'honneur d'avoir fait supprimer le régime des prohibitions en Angleterre et de l'avoir fait disparaître dans le reste du monde. Après avoir provoqué, en 1823 et en 1825, des modifications à l'acte de navigation de 1660, Huskisson fit commencer l'abolition des droits sur les matières premières, la suppression des prohibitions et l'abaissement des droits prohibitifs. Les soieries étaient prohibées; elles ne furent plus assujetties qu'à un droit de 30 p. 100.

Robert Peel, de 1843 à 1846, fit réduire de moitié le nombre des articles du tarif et diminuer un grand nombre de droits. Enfin, le 26 juin 1846, il présenta le bill sur les céréales qui devait entraîner la modification totale de la politique douanière de l'Angleterre.

Cobden, Michel Chevalier et Rouher furent peu après les auteurs de la suppression des prohibitions en France.

Avant 1860, toutes les tentatives faites pour développer les relations commerciales de l'Angleterre et de la France par l'abaissement des obstacles douaniers avaient échoué.

Les partisans du système prohibitif étaient si puissants dans notre pays qu'après l'exposition universelle de 1855, le gouvernement proposa vainement une loi qui levait les prohibitions et les remplaçait par des droits de 52 à 30 p. 100 de la valeur et même au-dessus. Sur les réclamations de beaucoup de fabricants, notamment des filateurs de coton, il consentit à ne donner suite à ses projets qu'à dater de 1861. Une association déjà existante et ayant à sa disposition des fonds considérables fut fortifiée dans le but de poursuivre par tous les moyens en son pouvoir le maintien du système prohibitif, déclarant que la prohibition écartée, nos grandes industries du coton et de la laine ne sauraient se maintenir.

Après la réforme libérale de Robert Peel, la situation de l'Angleterre et la nôtre étaient si différentes que la conclusion d'un accord avec l'Angleterre était encore plus difficile que dans le passé. Mais les négociateurs anglais et français de 1860 eurent la sagesse de ne considérer que l'intérêt de leur pays respectif à accroître ses débouchés et à diminuer les charges des consommateurs.

L'Angleterre supprima la plupart des droits de douane maintenus à son tarif en 1846 et en 1853. Il n'y eut plus de taxe chez elle que sur les céréales, le cacao, le café, la chicorée, les raisins de Corinthe et autres fruits secs, le tabac, le thé, le sucre, le vin, le vinaigre, la bière, le houblon, les spiritueux, les articles dans la fabrication desquels entrent les alcools, les cartes à jouer, les matières d'or et d'argent, les bâtiments de mer en bois. Les droits d'accise sur les vins qui depuis 1840 s'élevaient à 181 francs par hectolitre furent réduits jusqu'au 1er janvier 1861 à 83f,63 et ensuite à des taux variables, mais ne dépassant pas 27f,88 en général pour les vins français. Le droit sur les eaux-de-vie qui était depuis 1846 de 733f,63 par hectolitre fut réduit à 511f,11.

De son côté, la France leva ses prohibitions en se réservant la faculté de les remplacer par des droits de douane pouvant représenter 30 p. 100 de la valeur jusqu'au 1er octobre 1864 et de 25 p. 100 à partir de cette date.

Enfin, fut insérée dans le traité la clause salutaire de la nation la plus favorisée, laquelle est ainsi conçue :

« *Art. 19.* — Chacune des hautes puissances
« contractantes s'engage à faire profiter l'autre
« puissance de toute faveur et de tout privi-
« lège ou abaissement dans les tarifs des
« droits à l'importation des articles men-
« tionnés dans le présent traité que l'une
« d'elles pourrait accorder à une tierce puis-
« sance.

« Elles s'engagent en outre à ne prononcer
« l'une envers l'autre aucune prohibition d'im-
« portation ou d'exportation qui ne soit en
« même temps applicable aux autres nations. »

Les divers pays de l'Europe entrèrent
bientôt par des traités dans la voie libérale que
l'Angleterre et la France, à sa suite, avaient
tracée. Des traités de commerce furent
conclus par notre gouvernement en 1861 avec
la Belgique, en 1862 avec le Zollverein et
avec l'Italie, en 1864 avec la Suisse, avec la
Suède et la Norvège, avec les villes hanséa-
tiques, en 1865 avec l'Espagne, en 1866 avec
le Portugal et avec l'Autriche.

Ce n'était pas là le libre-échange, il s'en
faut; la protection en France restait effective
pour nos produits, — ce qui n'a pas empêché
les intéressés de crier, comme leurs prédécesseurs l'avaient fait après le traité de 1786, à
l'incurie des négociateurs français, — mais
nous étions appelés à vivre pendant une
période assez longue sous un régime stable.

Le traité du 23 janvier 1860 avait été l'œuvre
du gouvernement personnel; on le lui a assez
reproché. En réalité, ce traité fut ratifié par le
Corps législatif lorsque, par la loi du 16 mai 1863,
fut réformé notre tarif général dans l'esprit
du tarif conventionnel. Dans l'ensemble, les

matières brutes employées par l'industrie et les objets d'alimentation furent désormais exempts ; les droits sur le bétail et sur les céréales ne dépassèrent pas 3 francs par tête de bœuf, 0',25 par tête de veau, de mouton ou de porc, 0',50 par quintal pour le froment. Enfin, les prohibitions furent définitivement supprimées.

Au lendemain du traité, un écrivain protectionniste s'exprima ainsi : « Le traité supprime « les prohibitions et, en ce sens, les libres-« échangistes ont raison de dire que le « système prohibitif est mort. Le régime « douanier antérieur au traité avait cherché « à établir sur la plupart des articles, pour « lesquels la protection était plus attentive-« ment étudiée et avait paru plus nécessaire, « une protection complète destinée à les « défendre absolument contre la concurrence « des articles similaires étrangers, les livrant « ainsi à l'unique action de la concurrence « intérieure afin de propager en France ces « industries en leur réservant l'entier marché « intérieur[1]. »

Le système prohibitif était bien mort, en effet ; lorsqu'en 1870, à la Chambre des

1. Le *régime douanier en 1860*. Paris, Renouard et Poitevin.

députés, les protectionnistes proposèrent de dénoncer le traité de 1860, de Forcade de la Roquette leur posa cette question : « Demandez-vous le rétablissement des prohibitions ? » Aucune réponse ne lui fut faite ; la conquête du bon sens était définitive.

M. Méline l'a constaté lors de la discussion de la loi de 1892, en déclarant qu'il ne répudiait rien de ce qu'il y a de vrai dans les idées de liberté commerciale, et en convenant que le régime antérieur à 1860 était un régime absolument restrictif qui procédait de la prohibition ou de la protection exagérée.

Lors de la revision du tarif de 1892, opérée en 1910, le rapporteur a signalé aussi que la Commission des douanes n'avait pas songé à établir de prohibitions.

Pourtant, si le système protecteur est bon, il devrait être encore meilleur intégral que partiel ; puisque ses principaux défenseurs repoussent cette conséquence, c'est qu'ils ont reculé devant les progrès de la liberté commerciale. Ils ne peuvent empêcher que la multiplication des relations entre les hommes n'amène l'abaissement des barrières artificielles ; leur succès sont relatifs.

7. — LA GUERRE DE TARIFS DE 1887 A 1898 AVEC L'ITALIE

Comment, après les résultats des traités de 1860, résultats manifestement heureux dans leur ensemble, ainsi que l'ont démontré tant d'économistes, une réaction se manifesta-t-elle en France et dans la plupart des pays de l'ancien et du nouveau monde contre la liberté commerciale ? Comment, après la guerre franco-allemande, l'esprit de jalousie se montra-t-il presque aussi vivace que dans les temps passés ? Il y aurait là matière à une étude intéressante sur la psychologie des peuples.

L'ère des prohibitions resta close. Mais on eut recours aux représailles et l'on se fit la guerre à coups de tarifs, comme au temps du colbertisme. Les protectionnistes parlent peu de cette conséquence de leur système.

C'est de 1881 que date, en France, la première réaction contre le régime libéral ; elle fut encore modeste : elle consista à mettre des droits sur le bétail, sur les œufs, sur le beurre, etc., à substituer la taxation spécifique à la taxation *ad valorem*, de manière à augmenter indirectement le tarif, mais elle n'empêcha pas que des traités de commerce fussent renouvelés ou conclus avec un grand nombre de pays, de sorte qu'en fait, le régime libéral fut maintenu jusqu'en 1892.

Peu à peu, les protectionnistes gagnèrent toutefois du terrain ; des lois intervinrent sur le sucre, sur le blé, sur les bœufs; le droit sur le froment fut porté à 3 francs le quintal ; les bœufs furent taxés à 25 francs; deux ans plus tard, ces droits furent relevés : la taxe sur le froment étranger fut portée à 5 francs, la taxe sur les bœufs à 38 francs.

A la même époque commença une guerre de tarifs avec l'Italie.

Pendant longtemps, et grâce à Cavour, nos voisins avaient pratiqué un régime de liberté commerciale. Une réaction se manifesta chez eux comme chez nous; un tarif substituant des droits spécifiques aux droits *ad valorem*, avec surélévation, fut adopté en 1878. Un projet de convention fut néanmoins préparé avec la France; notre Chambre des députés l'ayant repoussé le 6 juin 1878, les deux pays s'accordèrent le traitement de la nation la plus favorisée et conclurent un traité (3 novembre 1881) comportant, de notre côté, d'assez notables réductions de droits, sauf pour le bétail. On commençait, en France et en Italie, à faire de la politique électorale agricole.

L'Italie remania son tarif, d'abord en août 1883, puis en juillet 1887, dans un sens de plus en plus protectionniste. C'est alors que M. Luzzati lança la phrase célèbre : « Il convient de montrer à l'étranger, d'une part, les pointes de fer du tarif général; de l'autre, le rameau d'olivier des conventions. »

Le résultat fut que les relations commerciales entre l'Italie et la France furent rompues et que le 1ᵉʳ mars 1887, les tarifs généraux des deux pays devinrent applicables. Celui de l'Italie était plus élevé que le nôtre; une loi du 27 février 1888 releva ce dernier et, par une maladresse assez singulière, le législateur ne prévit pas que la rupture avec l'Italie entraînait l'application du tarif général à d'autres pays, pour certaines marchandises qui, par le traité franco-italien, avaient profité de la clause de la nation la plus favorisée.

L'Italie riposta par un tarif supérieur au nôtre (29 février 1888).

En 1891, la chute de Crispi fut le prélude d'une modification à ce regrettable état de choses. Après l'adoption du régime douanier de 1892, notre tarif général fut concédé à nos voisins; plus tard, le 28 septembre 1896, fut signé un arrangement auquel fut substitué, en 1897, un accord définitif: l'Italie avait consenti des réductions sur cinquante-deux articles de son tarif général.

La guerre de tarifs avait duré onze ans et avait été désastreuse pour les deux parties. L'importation des produits italiens en France qui, en 1887, était de 307 millions, descendit brusquement à 181 millions en 1888, tomba plus bas encore et arriva, en 1895 à 115 millions. Nos exportations qui se chiffraient, en 1887, par 192 millions, descendirent, en 1894, à 98 millions. L'ensemble du commerce entre les deux pays, qui était de 500 millions avant la guerre, baissa jusqu'à 220 millions en 1894. Après l'arrangement de 1898, il se releva à peine : quand des courants commerciaux sont détruits, ils ne se reconstituent pas facilement. En 1905, l'ensemble de ce commerce n'était encore que de 367 millions ; c'est seulement en 1910 qu'on a revu le chiffre de 500 millions. Les protectionnistes se sont consolés en disant que l'Italie avait perdu plus que nous ! « Est-« ce un soulagement pour moi, disait le mar-« quis de Mirabeau, quand la moitié de ma « maison brûle, si celle de mon voisin se « trouve consumée tout entière ? »

Pour les vins, notre marché fut fermé à nos voisins. Il le fut aussi un peu plus tard pour les vins d'Espagne. Le résultat a été que l'Italie et l'Espagne, obligées de chercher des débouchés, sont allés concurrencer nos vins sur les marchés de l'Autriche, de la Suisse, de l'Allemagne qui nous appartenaient autrefois, tandis que précédemment les vins italiens et espagnols servaient à améliorer, au moyen de coupages, des vins français de médiocre qualité.

Des considérations de politique générale et le développement du gallophobisme en Italie ont assurément contribué à engendrer et à aggraver le mal dont nous et nos voisins avons souffert de 1887 à 1898; mais il n'aurait pu nous atteindre si, d'un côté, le gouvernement de Crispi n'avait profité des préjugés protectionnistes pour justifier sa politique anti-française et si, de l'autre côté, le Gouvernement de la République ne s'était cru obligé de ménager les éleveurs et de maintenir la protection qui leur avait été accordée. En conséquence et sans nulle injustice, on peut inscrire la guerre de tarifs avec l'Italie et ses résultats dans le bilan du protectionnisme.

8. — LA GUERRE DE TARIFS DE 1892 A 1895 AVEC LA SUISSE ET LES REPRÉSAILLES EN GÉNÉRAL

L'un des fondements de la loi douanière de 1892 a été la création de deux tarifs, l'un *gé-*

néral et l'autre *minimum*, ce qui entraînait la suppression, pour l'avenir, de tout traité de commerce. En effet, le tarif général étant applicable aux nations qui ne consentiraient pas à nous accorder des réductions de droits et le tarif minimun étant intangible, il n'y avait plus matière à arrangements de longue durée et, surtout, à application de la clause de la nation la plus favorisée, contre laquelle avaient été constamment dirigées des attaques protectionnistes.

On eut de suite à apprécier les avantages de la situation nouvelle dans laquelle se plaçait ainsi la France. La guerre de ta..ifs avec l'Italie était encore dans son plein qu'une guerre du même genre éclatait avec la Suisse.

L'application du tarif conventionnel, tel qu'il résultait des traités de commerce conclus après 1860 et 1881, devait cesser, d'une manière générale, le 31 janvier 1892, sauf pour quelques pays avec lesquels les arrangements avaient une plus longue durée; c'était le cas de la Suisse.

Le Gouvernement français chercha à faire accepter à la Confédération notre tarif *minimum*; la Suisse, qui le regardait comme « une véritable agression » contre elle, ne consentit à nous appliquer provisoirement ses tarifs les plus réduits que sous la réserve d'une étude préalable. Un arrangement fut signé entre les deux gouvernements le 23 juillet 1892 ; il comportait trente-cinq réductions sur notre tarif minimum. Nos fabricants de soie et de coton protestèrent vivement et s'unirent aux éleveurs pour en empêcher l'adoption. Le Conseil fédéral adopta l'arrangement provisoire le 21 décembre ; notre Chambre des députés le rejeta le 24, de sorte que notre tarif général devint applicable aux produits suisses.

La République fédérale répondit, sans tarder, à l'acte de la Chambre française, en surélevant, le 27 décembre, son tarif général, qui n'avait été fait que pour servir de base à des négociations avec les divers pays. Sur les vins en fûts, le droit fut porté de 6 francs à 25 francs ; sur les vins en bouteilles, il fut doublé ; sur les vins mousseux, il passa de 40 à 60 francs. Ce sont les vins de France, on l'a vu déjà, qui payent surtout les frais de nos luttes économiques ; nos négociants en vins et nos vignerons ne doivent pas l'oublier.

L'horlogerie fut aussi taxée fortement par l'adoption d'une classification nouvelle imitée de la classification française ; sur les tissus de soie, les droits furent portés de 16 à 400 francs.

La guerre commerciale dura jusqu'en 1895. A cette époque, un arrangement nouveau fut conclu. La Confédération helvétique renonça aux aggravations de son tarif général. La France consentit, sur son tarif minimum, à des réductions qui portèrent sur le lait concentré, le fromage de Gruyère, les fils à coudre et à broder, etc. Une loi du 16 août 1895 consacra l'arrangement, en modifiant vingt-neuf articles de notre tarif minimum, de sorte que les abaissements de droits consentis à la Suisse devinrent applicables à toutes les puissances avec lesquelles nous avions des arrangements de commerce, et que la clause de la nation la plus favorisée reparut dans nos relations commerciales sans qu'on l'avouât.

Les fondements du système de 1892 étaient ébranlés ; ses auteurs avaient prétendu qu'on ne devait plus négocier, on avait négocié ; et le Gouvernement français, montrant plus de bon sens que les législateurs, avait fait les premières ouvertures. Les protectionnistes se donnèrent, comme d'habitude, des consolations relatives en disant que nous avions conservé l'avantage de rester libres, que nous pouvions, quand nous voudrions, relever nos droits et dénoncer l'arrangement passager conclu avec nos voisins, c'est-à-dire qu'ils envisageaient, le cœur léger, le renouvellement possible des conjonctures fâcheuses qu'ils avaient fait naître antérieurement.

Notre commerce avec la Suisse avait varié de la manière suivante : les importations de Suisse en France étaient tombées de 100 millions à 67, nos exportations en Suisse de 230 millions à 130, l'ensemble du commerce franco-suisse de 330 millions à 200.

Nous n'avons pas eu depuis vingt ans d'autres guerres de tarifs, à proprement parler, sauf avec le Brésil à propos du café, mais le protectionnisme français a provoqué des élévations de droits à l'étranger de même que le protectionnisme étranger en a provoqué d'autres en France. La loi du 11 janvier 1892 a même donné au Gouvernement le droit de frapper provisoirement de surtaxes les produits des pays qui nous infligeraient un traitement défavorable.

Les représailles sont les accessoires obligés du régime protecteur. Un protectionniste l'a dit : « Au moyen du tarif général, on se « défend, soit en luttant par la guerre écono- « mique, soit en raisonnant et en faisant « valoir ses inconvénients. »

Comme les pays avec lesquels la France veut « raisonner » peuvent l'imiter et surélever leurs droits avant d'entamer des négociations, dans l'espoir de nous faire payer par des concessions le retour aux tarifs primitifs, nous avons beaucoup de chance avec un tel système de n'obtenir que des concessions illusoires et de rendre de plus en plus difficiles nos relations avec les diverses puissances étrangères. Il sera parlé plus loin de ce résultat.

9. — LE TARIF GÉNÉRAL ET LE TARIF MINIMUM DE 1892

Il faut revenir un peu en arrière. Après la promulgation du tarif de 1881, de nouveaux traités de commerce furent conclus avec divers pays d'Europe[1]. L'Angleterre fut placée par convention sous le régime de la nation la plus favorisée, dont l'Allemagne profite en vertu de l'article 11 du traité de Francfort.

Cet article du traité du 10 mai 1871, imposé à Thiers par Bismarck qui faisait alors du libéralisme économique, a préservé l'Allemagne et nous-mêmes de bien des fantaisies protectionnistes; c'est ce qui explique pourquoi les adversaires de la politique libérale le trouvent détestable.

1. La Belgique, le Portugal, la Suède et la Norvège (1881) l'Espagne (1882), l'Autriche, les Pays-Bas (1884).

Les traités de commerce devaient, pour la plupart, prendre fin le 1er février 1892, afin qu'à cette date, avait déclaré le Gouvernement, notre pays redevînt entièrement maître de la fixation de ses tarifs de douane « dont il « attendait une protection efficace pour l'agri-« culture et le travail national ».

Des arrangements n'avaient pu être conclus avec tous les pays; la France qui voulait désormais vendre aux autres sans leur acheter avait trouvé en face d'elle des peuples qui, ayant la même prétention, se refusaient à subir nos exigences; c'est ce qui s'était passé pour l'Italie.

Cependant, en janvier 1891, une coalition d'industriels et d'agriculteurs se reconstitua et cet événement fut annoncé hautement par le président de l'association dite de « l'industrie française », en ces termes non équivoques : « Ce que nous demandons, c'est que « notre sœur l'industrie agricole soit traitée « sur le même pied que la manufacture. L'u-« nion est faite; elle est solide. »

Les lois douanières furent donc revisées : la loi du 29 novembre 1891 limita les conventions futures à une durée de douze mois, et la loi du 12 janvier 1892, adoptée sur le rapport de M. Méline, établit les deux tarifs : *général*

4.

et *minimum*, avec un écart moyen de 20 à 25 p. 100.

Les droits furent élevés sur presque tous les articles d'alimentation et sur beaucoup d'articles industriels; pour les fils et tissus, le nombre des catégories fut augmenté. Les numéros du tarif passèrent de 579 à 654, sans compter les numéros *bis* et les innombrables subdivisions de numéros.

Beaucoup de produits non encore taxés, même des matières premières, même des denrées d'alimentation, y figurent.

L'application des nouveaux droits, en supposant qu'elle ne réduisît pas les entrées, — ce qui était impossible — aurait augmenté les recettes douanières de 212 millions pour le tarif général et de 115 millions pour le tarif minimum. Les recettes douanières s'étaient élevées, en 1891, à 394 millions; on peut avoir ainsi une appréciation minimum de l'effet des aggravations de tarifs qui furent infligées, en 1892, aux consommateurs français[1].

La valeur des produits taxés représente

1. En fait le produit des douanes sur importations ne donna en 1893 qu'une recette de 492 millions qui tomba en 1904 à 379 millions, ce qui démontre bien que la protection arrête le commerce extérieur.

plus de la moitié de la valeur des importations totales en France. Cette valeur, d'après
les chiffres de 1909, était de 2.500 millions de
francs sur un total de 5.500. Mais il est clair
que si les droits étaient moins élevés, les
importations taxées auraient été plus considérables ; de même que si les droits étaient
prohibitifs, ces importations auraient été
nulles.

Si on considère une industrie en particulier,
le coton, par exemple, on apprécie bien la
nature des procédés qu'employèrent les protectionnistes, pour obtenir l'élévation des
droits, et les résultats produits par la protection.

Grâce à ses qualités, qui permettent une
foule d'usages, et grâce à son bon marché
relatif, le coton devait forcément concurrencer la laine et le lin avec succès. Pendant
longtemps, son emploi fut arrêté par les droits
de douane sur les matières premières. Mais
les filés et les tissus ont toujours été protégés.
En 1860, les taxes ne furent pas abaissées ; en
outre, le coton brut fut exempt et n'eut plus à
supporter qu'une surtaxe d'entrepôt. Ce fut là
un autre avantage accordé aux manufacturiers ; les consommateurs n'en auraient profité
que si des droits considérables n'avaient pas

frappé les produits fabriqués ; pour les filés, les tarifs, variables suivant les numéros, étaient de 15 à 170 francs. En 1881, ils furent renforcés et varièrent de 15 à 300 francs. En 1892, ils furent portés à des taux compris entre 15 et 336 francs.

Pour obtenir ces augmentations, les protectionnistes firent valoir que les importations étrangères avaient considérablement augmenté ; or, ils comptaient l'Alsace parmi les pays importateurs, tandis qu'avant 1871, la production de ce pays figurait nécessairement dans la production intérieure. Ils prétendaient aussi qu'il fallait soutenir l'industrie nationale, de peur des crises qui résulteraient inévitablement d'un krach de surproduction en Angleterre ; le krach ne s'est jamais produit[1].

Enfin, les 110 millions de kilogrammes de filés que l'on importait en France étaient composés principalement d'articles que nous ne fabriquions pas. Les droits nouveaux en ayant empêché l'entrée, les industriels qui s'en servaient furent durement frappés.

La protection ne profita pas même bien longtemps aux filateurs. Il leur arriva ce qui arrive à beaucoup d'industries protégées ;

1. Dijol, *Situation économique de la France sous le régime protectionniste de 1892*, Paris, Laroze et Tenin.

l'appât du gain promis par la protection provoque une augmentation de la production indigène ; les prix baissent et les droits de douane ne jouent plus dans leur plein.

Quant aux tissus, l'exportation augmenta, en apparence, dans une proportion considérable depuis la loi de 1892.

1890	110 millions.
1908	294 —

Mais cette augmentation est provenue principalement des exportations dans les colonies qui, par le régime auquel elles sont soumises, sont obligées d'acheter les produits français de préférence aux produits étrangers. Les fabricants de cotonnades n'ont augmenté le chiffre de leurs affaires qu'aux dépens des consommateurs français et coloniaux.

Revenons à l'examen de la situation de la France vis-à-vis des pays étrangers. Après 1892, elle devint précaire et disparate. La loi du 29 décembre 1891 n'autorisait le gouvernement à concéder le tarif minimum aux pays qui nous accorderaient le traitement de la nation la plus favorisée, que sous la réserve de dénonciation possible en notifiant les intentions douze mois à l'avance. Avec de parcilles prétentions, il ne put guère y avoir pendant longtemps que des *modus vivendi* auxquels furent péniblement substitués ensuite des arrangements revisables tous les ans au gré des parties contractantes. C'est seulement en 1911, par un arrangement avec le Portugal, que notre tarif minimum a été applicable à toute l'Europe.

Avec les États-Unis, il ne put être conclu d'arrangements que pour certains articles et encore furent-ils dénoncés par la Fédération pour le 31 octobre 1909, de sorte que le tarif général frappa à cette date tous les produits américains[1]. Avec plusieurs pays hors d'Europe, il n'y eut pas d'arrangements.

Enfin, les tarifs de 1892 furent constamment modifiés, et, par la loi du 16 août 1895 dite loi du *cadenas*, le Gouvernement fut autorisé à appliquer avant tout examen par les Chambres les projets de lois portant relèvement des droits, de sorte que les tarifs peuvent toujours être modifiés brusquement sur tel ou tel point.

La liste des retouches successivement apportées au tarif de 1892 par des lois spé-

---

1. Un arrangement nouveau fut conclu avec les États-Unis en 1910. Il a été approuvé par une loi du 29 mars 1910, qui porte la même date que la loi de revision de notre tarif.

ciales est à reproduire. La voici, telle que l'a dressée M. Arnauné [1].

Loi du 30 juin 1893 sur le régime des *huiles minérales* ;

Loi du 4 juillet 1893 sur la *vannerie* ;

Loi du 27 février 1894 élevant le droit de douane sur le *froment*, le *pain*, les *semoules* en pâtes et *pâtes d'Italie* [2] ;

Loi du 14 novembre 1894 sur les *raisins secs*, figues et dattes, destinés exclusivement à la distillerie ou à la fabrication des vins ;

Loi du 17 novembre 1894 sur les *mélasses* pour la distillation ;

Loi du 16 août 1892 modifiant le régime de certaines marchandises en vue de permettre une *entente avec la Suisse* (cinquante articles) ;

Loi du 31 mars 1896 sur le régime des sagou, salep, *fécules* exotiques, *amidons* et *glucoses* ;

Loi du 7 avril 1897 sur le régime des *sucres* ;

Loi du 14 juillet sur les *mélasses* ;

Loi du 3 mars 1898 établissant un droit d'entrée sur le *plomb* ;

Loi du 4 avril 1898 sur l'*acide borique* ;

Loi du 5 avril 1898 sur les *porcs*, viandes de porcs, charcuterie, saindoux ;

Loi du 9 avril 1898 sur les *chevaux*, mules et mulets :

1. *Le commerce extérieur et les tarifs de douane*, déjà cité.

2. Il faut y ajouter la loi du 4 février 1902 sur l'admission temporaire des froments destinés à être convertis en farines, semoules et pâtes.

Loi du 9 avril 1898 sur la *margarine* et le beurre :

Loi du 9 avril 1898 sur les *fruits confits* ou conservés ;

Loi du 1er février 1899 sur les *vins*, raisins de vendanges, moûts et vins de raisins secs ;

Loi du 28 février 1899 sur les *tissus de soie pure* (articles prévus dans la convention franco-italienne) ;

Loi du 10 juillet 1899 sur le *permanganate de potasse* ;

Lois du 24 février 1900 et du 17 juillet 1900 sur les *denrées coloniales* autres que le sucre et le cacao ;

Loi du 26 juillet 1901 sur les *figues* d'origine européenne ;

Loi du 15 mars 1902 sur les *mistelles* ;

Loi du 7 avril 1902 sur les *pierres à aiguiser* du Levant et de l'Arkansas ;

Loi du 10 avril 1902 sur les *oranges* d'origine européenne ;

Loi du 27 janvier 1903 sur les *sucres* ;

Loi du 28 janvier 1903 et loi du 29 mars 1903 sur les *poivres* ;

Loi du 31 juillet 1903 sur les *bestiaux* et les *viandes abattues* ;

Loi du 9 juillet 1904 sur la *grosse horlogerie* ;

Loi du 20 juillet 1904 sur les *céréales tunisiennes* ;

Loi du 24 juin 1905 sur les *caséines* ;

Lois du 21 décembre 1905, du 12 juillet 1906 et du 21 novembre 1906 modifiant les droits sur les *marchandises intéressant la Suisse* ;

Loi du 13 juillet 1906 sur les *tapis d'Orient* ;

Loi du 18 juillet 1906 modifiant les droits fixés

par les lois du 4 juillet 1893, du 14 novembre 1894 et du 1er février 1899 (*conserves de sardines, légumes*, etc.) ;

Loi du 19 janvier 1907 sur les *corindons* en grains ;

Loi du 19 juillet 1907 sur les *paumelles* ;

Loi du 10 août 1908 sur le *manioc* ;

Loi du 5 décembre 1908 sur le *carbure de calcium*.

En outre, de 1892 à mars 1908, 155 modifications ont été apportées dans l'application du tarif par le Comité consultatif des Arts et manufactures.

L'instabilité est une des propriétés du régime protecteur ; il n'y a pas de droits de douane qui puissent s'adapter constamment aux conditions nécessairement changeantes de l'industrie ; il n'y en a pas qui puissent plaire éternellement à tous les fabricants ; à la moindre baisse des prix de vente ou à la moindre élévation des prix de revient, ceux-ci se plaignent et essaient d'obtenir une protection plus efficace. On l'a dit depuis longtemps, le protectionnisme est un engrenage sans fin. Ce qui s'est passé en 1910 en est une nouvelle preuve.

10. — LA REVISION DE 1910

Bien que le tarif de 1892 ait été, comme on l'a vu, retouché par 40 lois sans compter les décisions prises sur avis du Comité consultatif des arts et manufactures, nos législateurs ont procédé à ce qu'ils ont appelé une *revision générale* de ce tarif.

La Commission des douanes de la Chambre des députés travailla longtemps, sans que le public sût dans quel sens et conclut avant de se mettre d'accord avec le Gouvernement[1]; quand celui-ci eut donné son avis, elle s'efforça de mener rapidement la discussion de la loi. Après quelques passes brillantes, les débats se poursuivirent dans les séances du matin, c'est-à-dire devant les banquettes.

Pour justifier la revision qu'elle avait opérée, la Commission invoqua trois motifs principaux :

1° Le tarif de 1892 ayant dix-huit ans de date n'était plus en rapport avec les besoins de l'industrie ;

2° Un grand nombre d'industries nouvelles étaient nées; il fallait les protéger comme les autres ;

3° Plusieurs pays avaient procédé à une revision de leurs tarifs; nous devions nous mettre à leur niveau. Le tarif général, arme pacifique créée pour le service du commerce et

----

1. Le rapport géréral de M. J. Morel fut déposé le 11 juillet 1908. Puis vinrent les rapports particuliers.

de l'industrie, ne pouvait plus servir parce qu'il ne différait pas assez du tarif minimum [1].

Pourtant, on concevait mal comment, après tous les changements dont l'énumération vient d'être faite, des changements par voie légale devaient encore s'imposer, et pourquoi, au lieu de recourir comme par le passé à des lois spéciales, on reconstruisait le tarif tout entier.

Au sujet des nouvelles industries, la Commission s'exprimait ainsi :

« La construction des voitures automobiles,
« les applications de l'électricité à l'éclairage,
« à la force motrice, aux transports, à la pro-
« duction de hautes températures ont fait
« surgir des produits insoupçonnés jusqu'alors.
« L'utilisation de la houille blanche, l'activité
« des usines hydro-électriques ont transformé
« l'industrie des alliages ferro-métalliques, de
« l'aluminium, du carbure de calcium, etc. Les
« progrès des arts et de la science ont fait appa-
« raître des machines, des outils, des instru-
« ments, des substances inconnues la veille.

---

1. La commission avait aussi parlé des *Cartels* et avait proposé d'insérer dans la loi des douanes une clause de défense contre les *primes*. Le Gouvernement lui fit comprendre que cette arme serait dangereuse, inefficace et contraire à notre intérêt. On ne voit pas, en effet, pourquoi nous pourrions gémir de ce que les étrangers font des sacrifices pour nous fournir des produits à bon marché.

« Les machines à écrire et à calculer, les
« phonographes, les gramophones, les par-
« fums synthétiques, les soies artificielles à
« base de viscose n'existaient pas ou gar-
« daient, dans les expériences de laboratoire,
« le caractère d'appareils purement scien-
« tifiques ou d'objets de collection hors de
« commerce. »

Or, le régime concernant les industries nouvelles pouvait faire l'objet de lois particulières
et, si ces industries avaient pu naître sans protection, il n'y avait pas de raisons pour qu'elles
ne puissent vivre dans l'avenir sans protection.

La principale de ces industries était celle
des automobiles et sa Chambre syndicale
avait insisté pour que l'on ne relevât pas les
droits en vigueur ! « La situation extraordi-
« nairement florissante de son industrie ne
« justifiait pas, avait-elle dit, une aggravation
« du tarif[1]. »

Quant à l'argument tiré de ce que d'autres
pays avaient revisé leurs tarifs, la Commission
qui avait surtout en vue l'Allemagne l'avait
développé comme suit :

C[...] p[...]s a modifié son tarif en 1902, de

---

1. Rapport de M. Marc Reville.

manière à échapper aux conséquences de l'article 11 du traité de Francfort.

« Cet article, parfaitement clair, a été tourné dans la pratique au moyen de spécialisations, c'est-à-dire en multipliant les désignations de produits inscrites dans la nomenclature du tarif. Par exemple dans le tarif allemand a été inséré un paragraphe pour les chevaux de *race norique pure* qui ne pouvait s'appliquer qu'à l'Autriche, un autre pour les chevaux de *race flamande, brabançonne et ardennaise* qui ne pouvait s'appliquer qu'à la Belgique. »

La Commission ajouta que le chancelier de l'Empire, M. de Bulow, avait dit un jour :

« Nous pouvons faire des concessions à l'Au-
« triche, à l'Italie, à la Russie, sans que ces
« concessions s'appliquent à la France. Entre
« l'article français et l'article russe, italien,
« autrichien analogue on trouvera aisément
« des différences très petites en réalité, mais
« suffisantes pour qu'on puisse appliquer des
« paragraphes différents. »

Le langage prêté au chancelier parut extraordinaire ; on fit des recherches et l'on découvrit que la phrase incriminée n'avait jamais été prononcée par M. de Bulow. Elle avait été tirée d'une lettre du 8 mars 1903 dans laquelle M. Luzzati avait commenté une déclaration au Reischtag du secrétaire d'État à l'Intérieur.

La liste des spécialisations faites en Allemagne prouve d'ailleurs qu'elles n'ont été et ne pouvaient être étendues bien loin.

En même temps, la Commission avait fait étalage de ses sentiments libéraux et s'était glorifiée d'avoir admis trois principes : *pas de prohibitions, pas de droits de sortie, exemption des matières premières.*

La Commission n'avait pas, en effet, proposé de prohibitions et n'avait pas établi de droits de sortie ; elle avait même repoussé une demande de papetiers qui voulaient empêcher la sortie des chiffons afin de les avoir à meilleur marché aux dépens des chiffonniers ; elle avait résisté à quelques industriels qui avaient proposé de taxer des matières premières afin d'obliger les pays qui les fournissent à abaisser leurs droits d'entrée sur les produits fabriqués ; mais elle avait passé outre aux protestations des Chambres de commerce de Paris, de Bordeaux, de Lyon, de Roubaix, de Calais et elle avait entendu le mot *matières premières* à la façon d'Aristote, en le réservant aux objets dans lesquels il n'entre presque pas de main-d'œuvre ; elle avait enfin fortement aggravé les droits et relevé systématiquement le tarif général en se montrant par là plus protectionniste que le principal auteur de la loi de 1892, M. Méline.

Celui-ci avait dit que le tarif maximum serait le tarif de droit commun et que le tarif minimum serait concédé aux nations qui nous accorderaient des avantages. Il est évident qu'un tarif de droit commun ne doit pas être prohibitif et ne doit pas différer profondément de l'autre tarif ; c'est tellement vrai que le tarif minimum est devenu de fait la règle pour l'Europe, on l'a vu, et la règle pour beaucoup de pays hors d'Europe, quoique les arrangements les concernant ne soient que passagers.

Les défenseurs de la loi de 1910 [1] continuent néanmoins à soutenir que cette loi n'a été que la mise au point de notre tarif douanier.

A la veille de la discussion de la loi, dans une séance de la Société d'Économie politique, j'ai fait remarquer qu'une revision sincère aurait comporté des réductions de droits de quelque importance, puisque les protectionnistes signalaient que la prospérité d'un certain nombre des branches de nos industries agricoles et manufacturières était admirable.

---

1. *La politique douanière de la France*, par MM. Augier et Marvaud, avec préface de M. Klotz.

Or les réductions proposées étaient insignifiantes et celles qui ont été votées le sont également ; on ne compte dans la loi que dix exemptions, plus une trentaine de diminutions. Et la diminution qui est mise le plus en relief est la réduction des droits sur l'*aluminium*, dont les conditions de production ont tellement changé grâce à l'électrolyse que le maintien des droits anciens eut été ridicule.

On peut affirmer que la loi de 1910 n'a pas été une revision, dans le sens que chacun donne à ce mot, mais une aggravation importante du système protecteur : si le Gouvernement ne s'y était opposé, l'aggravation aurait été plus grande encore. La Commission des douanes dut reculer pour les soies, pour les textiles, pour la fonte, pour les graines oléagineuses. Néanmoins, 454 numéros ont été modifiés : 54 numéros ont été ajoutés ; 1.498 spécifications ont été faites ; le droit sur la viande de bœuf a été porté de 10 à 30 francs ; le tarif général a été systématiquement majoré ; l'écart entre ce tarif et le tarif minimum a été, en général, porté à 50 p. 100 ; un grand nombre d'exemptions ont été supprimées ; le tarif minimum a été fortement relevé et la preuve, c'est que le Gouvernement a été autorisé, par l'article 8 de la loi, à maintenir à titre provisoire le bénéfice du tarif de 1892 aux pays qui n'assujettiraient pas les produits français à un tarif différentiel.

11. — Situation extérieure actuelle

Quelle a été la conséquence de cette aggravation ? c'est de nous mettre en face de difficultés diplomatiques et de représailles possibles. Voici quelle est notre situation vis-à-vis de nos principaux voisins.

L'Angleterre perçoit sur les vins et spiritueux des droits intérieurs élevés analogues à ceux que nous percevons nous-mêmes sous forme de contributions indirectes. Pour nous, qui exportons des vins et des liqueurs, les droits d'accise anglais équivalent à des droits de douane. Leur réduction serait très avantageuse à notre agriculture et à notre commerce et nous pourrions, en échange, abandonner la surtaxe d'entrepôt qui, des protectionnistes le reconnaissent [1], grève lourdement les marchandises extra-européennes importées des ports anglais. Ces bases d'arrangement, M. Yves Guyot les a indiquées depuis longtemps, mais il ne semble pas que la révision de 1910 en ait facilité l'adoption ; il y a même eu un moment

1. MM. Augier et Marvaud, ouvr. cité.

des menaces de représailles contre nous en Angleterre.

A l'égard de l'Allemagne, le Sénat a atténué un peu ce que la Chambre avait fait. Cependant, l'Allemagne a répondu à notre tarif en élevant ses droits sur les victimes ordinaires du protectionnisme, c'est-à-dire sur nos vins de Champagne, nos eaux-de-vie et nos liqueurs. Et que conseillent à la France les défenseurs de la loi de 1910, de prendre, à notre tour, des mesures nouvelles de retorsion : « Il faut re-« gretter, disent-ils, que notre tarif minimum « n'ait pas été spécialisé comme l'a été le tarif « général allemand pour un si grand nombre « de produits... Nous ne pouvons rester à la « merci du gouvernement de Berlin, qui, de-« main, sous prétexte de nouvelles nécessités « budgétaires, peut augmenter les droits sur « les articles qui ne sont pas désignés au tarif « conventionnel... »

Cependant, comme l'a fait justement remarquer M. Perrens [1], on comprend l'irritation de l'Allemagne qui n'a pas maladroitement, comme nous, renoncé au système des traités de commerce : la France refuse obstinément toute concession sur son tarif minimum alors

---

1. *La revision douanière* du 30 mars 1910, Bordeaux.

qu'elle profite, en vertu du traité de Francfort, des avantages consentis par l'Allemagne dans les traités que celle-ci a passés avec d'autres puissances.

Pour la Belgique, la question de savoir si elle n'usera pas contre nous de représailles en raison des augmentations considérables de droits mises par nous sur ses produits n'est pas encore résolue. Ces augmentations visent 226 produits belges. La surcharge, disent les protectionnistes, n'est que de 2.600.000 francs, mais en faisant des évaluations de ce genre, on n'ajoute jamais que les droits sont faits pour empêcher les marchandises d'entrer. En réponse, la Belgique nous a menacés d'une surcharge que l'on évalue à 11.600.000 francs et dont les vins, comme toujours, sont le principal élément.

Cette menace a paru inadmissible à M. Méline : « C'est la première fois, a-t-il dit au Sénat, qu'on voit un pays proposer des représailles douanières contre un pays ami pour peser sur le Parlement de ce pays au moment même où il délibère et avant qu'on sache ce qui sortira de ses délibérations... » Ainsi, nous devons avoir le droit de nuire à nous-mêmes et à nos amis, sans que ceux-ci puissen' une observation avant que le mal ne soit deunitif!

D'autres protectionnistes ne disent pas mieux quand ils se félicitent de ce que « la maîtrise de nos tarifs est plus complète pour la France que pour la Belgique, qui a souscrit des traités à tarifs annexés avec diverses puissances ». Ils ne croient pas possible d'envisager l'éventualité de la conclusion d'un traité à long terme avec nos voisins, ni même d'une convention comportant de notables réductions sur notre tarif minimum ; ils estiment seulement qu'on devrait négocier avec ce pays un arrangement basé sur le traitement de la nation la plus favorisée et accordant plus de sécurité au commerce que les simples engagements résultant des décisions gouvernementales qui, depuis 1892, règlent les relations internationales.

Nous espérons mieux : nous pensons qu'ayant une notion saine de ses vrais intérêts, la Belgique ne commettra pas l'énorme faute de recourir au système des représailles et nous désirons qu'il soit conclu avec elle un traité nous affranchissant, elle et nous, pour longtemps, des menées protectionnistes. Les paroles échangées publiquement entre le roi des Belges et le président de la République donnent à cet égard des espérances.

Par ces exemples, on peut juger du vrai

mérite de la politique douanière telle que l'ont entendue les mercantilistes et les protectionnistes, depuis Colbert jusqu'aux législateurs de 1892 et de 1910.

Les auteurs d'un livre récent : *La Politique douanière de la France* reconnaissent que nous souffrons du protectionnisme étranger. « Souhaitons, disent-ils, dans l'intérêt même « de nos relations commerciales avec les États- « Unis, que le mouvement qui s'est manifesté « dans ce pays en faveur d'un régime écono- « mique plus libéral prenne davantage de con- « sistance. » Nous le souhaitons aussi, mais on n'obtient pas de concessions si l'on est résolu à n'en point faire soi-même.

Et pour qui est-on si tenace? Pour un petit nombre d'intéressés envers lesquels on doit, sans doute, user de ménagements, mais qui se plaignent toujours parce qu'ils s'imaginent volontiers que le monde entier doit contribuer au succès de leurs affaires.

Sganarelle les connaissait bien et leur disait :

« Tous vos conseils sont admirables, assurément, mais je les tiens un peu intéressés, et trouve que vous me conseillez fort bien pour vous. Vous êtes orfèvre, M. Josse, et votre conseil sent son homme qui a envie de se défaire

de sa marchandise. Vous vendez des tapis-
series, M. Guillaume, et vous avez la mine
d'avoir quelque tenture qui vous incommode...
Ainsi, quoique vos conseils soient les meilleurs du monde, vous trouverez bon que je
n'en suive aucun. »

12. — LE *do ut des*

Au lendemain d'une loi, il est difficile d'en
voir tous les effets. On ne peut donc encore,
faute de faits précis, donner d'indications sur
tous les résultats de la loi de 1910 en ce qui
concerne notre commerce, notre industrie, nos
relations extérieures et notre vie intérieure.

Notons pourtant une observation de
M. Raphaël Benoît, président de la Chambre
de Commerce française de Londres, au ban-
quet annuel de cette compagnie :

« Il eût semblé rationnel et conforme aux
« prévisions protectionnistes qu'après la mise
« en vigueur de la loi douanière du 29 mars 1910,
« il se fût produit une diminution sensible des
« importations anglaises en France. Or, c'est
« le contraire que nous voyons. Le chiffre des
« importations a passé de 888 à 899 millions
« de francs, et nous avons eu la tristesse de
« constater que le chiffre des importations

« françaises en Angleterre avait baissé de
« 35 millions de francs bien que, de ce côté
« de la Manche, nos produits eussent continué
« à jouir de la plus entière liberté. Quelle con-
« clusion devons-nous tirer de l'étude de
« ces chiffres ? Pour nous, c'est la constatation
« triomphante de la force innée de la politique
« libre-échangiste. Ils nous montrent, ces
« chiffres, que l'exagération du tarif douanier
« a comme conséquence d'arrêter l'essor des
« exportations ; ils nous montrent que le régime
« de la liberté est la meilleure protection
« qu'une nation manufacturière puisse donner
« à ses industriels et à ses commerçants. »

Un autre auteur compétent, quoique favorable au protectionnisme, a reconnu « que
« tout n'est pas parfait dans le tarif de 1910 »
et que « l'œuvre de la Commission des douanes
« a été faussée sur certains points par le vote
« hâtif d'amendements insuffisamment étudiés
« et discutés ». Cela se conçoit : le nombre
des demandes d'aggravations du tarif dont la
commission fut saisie a été tel, paraît-il,
qu'elle en fut comme effrayée et qu'elle dut,
par de bonnes paroles et des concessions,
calmer la foule des réclamants.

Du moment qu'il existe à la Chambre des
députés une Commission fonctionnant à l'état

quasi permanent de législature en législature,
de session en session, pour examiner les questions de douane, les demandes d'aggravation
des droits doivent forcément pulluler, et un
grand nombre d'entre elles être accueillies.

Il y a quelques années, un député a pu dire
en pleine séance de la Chambre des députés
que la Commission des douanes était « comme
« embusquée » pour trouver l'occasion d'accorder des faveurs douanières à telle ou telle
catégorie de solliciteurs.

Il aurait pu ajouter que la Commission cher-
chait ensuite à peser sur le Gouvernement
pour l'amener à transformer les projets dus
à l'initiative parlementaire en projets déposés
par lui pour qu'ils devinssent immédiatement applicables sans discussion et sans
vote dans les deux Chambres, contrairement aux règles constitutionnelles ordinaires
et par application de la loi du *cadenas* du
16 août 1895.

Le président actuel de la Commission des
douanes a au surplus expliqué un jour comment les choses se passent dans le sein de la
Commission : « L'initiative de n'importe quel
« changement, a-t-il dit, est constamment à
« la merci du premier venu...

« Cette cause d'instabilité est déjà bien con-

« damnable ; à côté d'elle, il y a l'abus dolosif
« toujours possible et plus funeste encore....
« Plusieurs fois, il m'a semblé voir surgir des
« propositions qui, à l'insu de leurs auteurs,
« n'avaient peut-être d'autre mobile que de
« provoquer, par l'inquiétude et l'attente d'une
« situation nouvelle, des fluctuations favora-
« bles à la spéculation [1]. »

L'institution de la Commission des douanes présente un autre danger, celui de gêner le gouvernement dans sa politique internationale. Les personnes les plus impartiales reconnaissent que, d'une manière générale, le travail parlementaire gagne à être dirigé. Dans des questions qui touchent aux relations avec les autres pays, en particulier dans les questions de douane, la direction est plus nécessaire peut-être que dans aucune autre. L'initiative des projets de lois douanières est en beaucoup de pays réservée au Gouvernement [2]. En France, la conclusion des traités de commerce appartient constitutionnellement au chef de l'État ; la préparation d'actes de nature à entraver

1. Discours à la fédération des industriels et commerçants, 16 novembre 1907.

2. La revision de 1910 a été provoquée par une proposition due à l'initiative parlementaire (28 mai 1907). Son auteur, M. Morel, fut ensuite rapporteur.

l'action gouvernementale devrait donc logiquement appartenir au pouvoir exécutif et non au pouvoir parlementaire.

Combien est pernicieux le principe auquel est attachée notre Commission des douanes pour nos relations avec l'étranger, et qu'elle a formulé en ces trois mots : *do ut des*, formule que l'on peut traduire comme suit : « Je consentirai des réductions sur mes taxes si vous abaissez les vôtres ; en attendant, j'élève les miennes et je fixe à l'avance, par mon tarif minimum, la limite des concessions que je pourrai faire », ou bien encore : « Je donne des coups pour en recevoir », attendu que le *do* consiste, non à abaisser les droits dans le désir de contenter son prochain, mais de les élever dans l'intention de lui être désagréable ; on doit donc s'attendre à ce que ce prochain réponde par des procédés analogues.

La formule *do ut des* est une erreur ou un prétexte. Aucun pays n'a intérêt à surélever ou à maintenir des droits à l'entrée des produits étrangers, même pour obtenir des concessions de nature à favoriser les exportations. L'importation n'est pas moins désirable que l'exportation ; si un pays achète des marchandises, c'est qu'il en a besoin.

« Il est clair, disait pourtant M. Méline, que

« nous serions plus riches si nos exportations
« avaient été plus considérables et nos impor-
« tations moins fortes. » Les protectionnistes
modernes ne pensent pas autrement que les
mercantilistes du xvi° et du xvii° siècles. Ils
devraient vouloir que l'on vende à l'étranger
le plus cher possible ; ils devraient dès lors
condamner dans leur propre pays et favoriser
de la part de l'étranger l'usage du *dumping*
qui consiste à vendre, au dehors, des marchandises au-dessous du prix coûtant et à se
rattraper en vendant, grâce aux droits de
douane, ces mêmes marchandises aux nationaux, à des prix élevés.

Aucun pays n'a intérêt non plus à user de
représailles ; elles sont aussi nuisibles au
peuple qui y a recours qu'à celui contre qui
elles sont faites. Adam Smith l'a démontré, il
y a un siècle et demi. Prohiber l'entrée d'un
produit étranger, c'est se priver soi-même de
l'usage de ce produit. Si des industriels indigènes se mettent à le fabriquer, la prohibition
leur donne un monopole ; ils font payer cher
aux consommateurs les services qu'ils leur
rendent. Plus tard, la concurrence intérieure
mettra peut-être fin à ce monopole, mais on
n'en aura pas moins employé des activités et
des capitaux qui auraient été mieux utilisés

qu'à la fabrication d'un produit qu'on se procurait aisément auparavant et qui était en général de meilleure qualité : lorsqu'on possède un monopole, on n'est pas forcé de fournir un bon produit.

Le résultat de l'opération est en général celui-ci ; en premier lieu, gêne et dépense supplémentaire pour les consommateurs avec diminution du commerce international et extérieur, par suite de la prohibition ; en second lieu, emploi maladroit d'activités et de capitaux.

L'établissement de droits de douane arrêtant la concurrence étrangère, a les mêmes effets que les prohibitions.

Adam Smith, qui connaissait bien les représailles, car elles étaient fréquemment employées de son temps, disait, après les avoir condamnées : « Elles peuvent être d'une bonne « politique quand il y a probabilité qu'elles « amèneront la révocation de gros droits ou « de prohibitions dont on a à se plaindre. « L'avantage de recouvrer un grand marché « étranger fera, en général, plus que compenser « l'inconvénient passager de payer plus cher « pendant un court espace de temps quelques « espèces de marchandises. Pour juger s'il y « a lieu de s'attendre à ce que de telles repré-

« sailles produisent ce bon effet, c'est une
« question qui appartient moins peut-être aux
« connaissances du législateur qu'à l'habileté
« de cet être insidieux et rusé qu'on appelle
« vulgairement homme d'Etat ou politique,
« dont les avis se dirigent sur la marche ver-
« satile et momentanée des affaires. »

J'avo.. .e point savoir nommer les êtres insidieux et rusés qui ont, dans le passé, rendu
les représailles profitables à leur pays. Peut-
être Adam Smith a-t-il parlé ironiquement et
a-t-il voulu opposer la maladresse ordinaire
des empiriques à la puissance des principes ?
En tout cas, on ne voit pas bien de quelle utilité de tels personnages peuvent être de nos
jours, où tout est public, où tout se discute
dans la Presse et dans les Parlements, où il
vaut assurément mieux être renseigné sur les
réalités que de pratiquer l'art divinatoire.

Adam Smith d'ailleurs n'a fait ses réflexions
que pour un pays en face d'un unique pays et
pour quelques espèces de marchandises; il
n'a pas supposé que des gouvernants appli-
queraient le système de la guerre des tarifs à
la fois à tous les pays avec lesquels leur pays
est en relations commerciales, et qu'ils iraient
de gaîté de cœur au-devant des représailles
de tous pour une foule de marchandises. C'est

pourtant ce système qui est maintenant en vigueur en France. On fait des tarifs sans souci des intérêts des autres, en laissant seulement une petite marge pour des négociations futures. On prévoit même, comme dans l'art. 8 de la loi du 11 janvier 1892, que dans certains cas, des surtaxes pourront être établies pour répondre à des prohibitions plus ou moins déguisées. On dispose, comme par la loi du 18 novembre 1814, de la faculté de majorer les droits par décrets et même d'établir des prohibitions. Si toutes les nations, simultanément et constamment, appliquaient ces procédés, il n'y aurait plus de relations entre elles.

13. — LES TRAITÉS DE COMMERCE

Les nations modernes sont de plus en plus solidaires les unes des autres ; les prix, pour la presque totalité des marchandises, ne sont ni français, ni allemands, ni européens, ni américains ; à quelques variations près, ils sont mondiaux.

Dans tous pays, un producteur d'une médiocre puissance intellectuelle travaille non uniquement pour ses proches voisins ou pour ses concitoyens, mais pour l'exportation, c'est-à-dire que des paquebots, des chemins de fer, puis· des moyens de transport moins perfectionnés, des camions, des bêtes de somme, des hommes feront pénétrer ses produits dans les localités les plus reculées.

« Les nations se trouvent, disait récemment M. Churchill avec un peu d'exagération, dans une position très différente de celle des États d'il y a cinquante ans. Elles sont liées les unes aux autres, entrelacées, mêlées par un solide réseau d'intérêts commerciaux, de transactions, de communications, d'assurances réciproques, d'engagements amicaux. Elles se trouvent reposer d'autre part sur une base bien précaire de crédit international, d'industries complexes et artificielles, base qui, si elle s'écroulait violemment, produirait des effets que nul homme, nul monarque, ne peut prévoir [1]. »

Cependant, les conséquences de la solidarité économique ne sont presque jamais envisagées dans leur étendue. On semble oublier que le régime douanier d'un pays réagit sur tous les autres, que, si ce régime change, le commerce international est troublé plus ou moins rapidement, plus ou moins forte-

---

1. Discours à Dundee.

ment, que la production et la consommation sont activées ou alanguies dans les divers pays avec lesquels le pays considéré est en relations. On ne veut pas comprendre que si ce régime devient libéral, il appelle les produits du dehors et facilite par le bon marché intérieur l'exportation des produits indigènes; que s'il devient restrictif, il repousse les produits étrangers et réduit, par un renchérissement artificiel, les exportations; qu'ainsi, dans le monde entier, des industriels, des commerçants, des producteurs, des consommateurs ont à compter avec les changements économiques effectués sur un point quelconque du globe et à les redouter surtout quand ils sont faits dans des vues protectionnistes.

Tant que le libre-échange ne sera pas pratiqué partout dans son entier, ce qui n'est pas à prévoir avant longtemps, les changements économiques seront une menace perpétuelle pour les intéressés; aux mesures libérales, succéderont parfois brusquement des mesures restrictives ou inversement, surtout lorsque les majorités parlementaires ont le pouvoir de manier à leur gré la législation douanière.

Qui pourrait affirmer qu'en France, malgré

la puissance apparente du protectionnisme, les principes libéraux ne prévaudront jamais et que l'édifice de 1892 et de 1910 ne sera jamais détruit ? On s'évertue chez nous à trouver un système d'impôts qui répartisse plus équitablement entre les citoyens les charges publiques ou, pour parler vrai, qui en fasse retomber de plus en plus lourdement le poids sur les capitalistes. Ne peut-il arriver qu'un parti devenu dominant, juge plus simple, plus efficace, moins arbitraire d'atténuer l'importance du tribut que la législation douanière permet à un petit nombre d'industriels et de propriétaires fonciers de lever sur leurs concitoyens au moyen des droits protecteurs, et même de supprimer complètement cette source de privilèges par application du principe que nul ne doit d'impôts qu'à l'État ?

Pendant longtemps, les libres-échangistes ont combattu le système des traités de commerce qui avait à leurs yeux l'inconvénient de ne point cadrer exactement avec les principes et qui avait précédemment servi à dissimuler des desseins protectionnistes. Au milieu du siècle dernier, Cobden a rencontré dans son pays une vive opposition du côté de ses amis lorsqu'il a parlé d'un arrangement réciproque avec la France. Actuellement, des libéraux anglais sont hostiles à la conclusion de traités de commerce avec les pays étrangers. Le souvenir de la tentative de M. Chamberlain devrait pourtant vaincre leur résistance. Cette tentative, qui aurait troublé l'Angleterre et avec elle bien d'autres pays, a échoué, probablement d'une manière définitive, mais le fait qu'elle a pu se produire, le fait qu'il a fallu employer de la vigueur pour l'empêcher de réussir prouve qu'il faut toujours craindre, même en Angleterre, des changements économiques. Or, les traités de commerce sont la meilleure digue et la seule vraiment efficace à y opposer actuellement.

Ces traités ne sont pas le libre-échange ; ils supposent des droits de douane fiscaux ou même des droits protecteurs ; mais, pendant leur durée, ils lient dans chaque pays les gouvernements et les parlements ; ils lient conséquemment les nations. Aucune de celles qui contractent ne peut plus se livrer à des fantaisies économiques, et toutes sont amenées par la force des choses à contracter successivement. En 1860, lorsque la France et l'Angleterre se furent mises d'accord, l'arrangement qu'elles conclurent fut, en peu de temps, appliqué à presque tous les autres pays pour une période qui a duré de fait jusqu'en 1892, c'est-à-dire pendant une trentaine d'années.

Puisque les traités sont une garantie de stabilité pour l'industrie et le commerce du monde, ils doivent avoir la durée la plus longue possible.

Par la clause de la nation la plus favorisée, ils empêchent les aggravations de tarif dans l'avenir tout en laissant la faculté de s'acheminer lentement vers un régime libéral. Sans enlever aux libre-échangistes leurs espérances, ils donnent aux agriculteurs et aux industriels indigènes protégés l'assurance que des droits protecteurs seront maintenus pendant longtemps encore, et aux exportateurs la certitude que les frontières des pays où ils expédient des marchandises ne seront pas brusquement fermées. Ceux-ci peuvent enfin songer à des opérations de longue haleine, faire les frais d'envoi d'agents dans les divers pays, y chercher et y trouver des débouchés nouveaux.

La préparation des traités de commerce n'est ni laborieuse, ni susceptible de provoquer les réclamations bruyantes des intérêts particuliers quand les négociateurs ont la préoccupation de concentrer leurs efforts et de ramener les discussions sur un très petit nombre de points, sur les seuls points qui ont vraiment de l'importance pour le pays qu'ils représentent. S'ils n'ont pas la vaine prétention de contenter tous les producteurs indigènes, ils doivent parvenir sans trop de peine et sans engager trop loin leur propre responsabilité à la conclusion d'arrangements équitables.

L'utilité des traités de commerce dépasse les intérêts du petit nombre de personnes que favorise le régime protecteur; elle dépasse même ceux des consommateurs.

La question de la paix armée domine aujourd'hui les questions politiques et financières; on voudrait partout en alléger le poids; on voudrait mettre un frein aux dépenses formidables et successives qu'on est obligé de faire pour renouveler ou augmenter les armements ; on cherche à conclure des alliances, des ententes, des accords qui consolident cette paix coûteuse ; pendant ce temps, les intérêts particuliers s'agitent dans les divers pays et tendent à restreindre les effets des louables efforts de la diplomatie.

Sous la pression, légitime ou non, mais toujours vive et pressante, de ces intérêts, des tarifs exagérés sont établis, puis présentés comme un bloc et, pour ainsi dire, impérativement aux autres nations puisqu'une petite marge seulement est laissée pour les négociations futures. De là naissent des conflits ; par là sont entretenues les jalousies ; on recourt de part et d'autre à la politique des coups d'épingle ; on se menace ; on fait entendre que, le cas échéant, on recourra à des mesures de rétorsion et qu'on ne cédera pas sur certains points. On ne songe pas que les guerres de tarif ne peuvent être mieux comparées qu'au duel japonais, où chaque partie s'ouvre le ventre pour vexer l'autre.

Les auteurs des lois protectrices invoquent e *do ut des* et prétendent qu'en faisant la guerre commerciale, ils travaillent pour des arrangements internationaux futurs.

Comment mener à la fois une politique de guerre et une politique d'arrangements ?

Obtenir d'un particulier qu'il tende la joue gauche quand il a reçu un soufflet sur la joue droite est peu aisé ; obtenir d'un peuple, plus impressionnable en général que beaucoup de particuliers, un geste d'abnégation est le plus souvent impossible ; il ne pardonne pas à ses gouvernants les actes les plus sages s'ils ont l'aspect d'actes de servitude.

Chaque puissance gouvernementale ne s'est-elle pas d'ailleurs érigée en dispensatrice de-

bienfaits économiques? Les monarques n'agissent-ils pas en courtiers honnêtes avec la prétention de travailler pour les industriels, pour les commerçants et pour les banquiers de leur pays? Les Parlements ne croient-ils pas connaître tous les besoins de leurs commettants? Ne se figurent-ils pas avoir la science et les moyens d'y satisfaire? Les uns et les autres manqueraient à la mission qu'ils se sont assignée s'ils paraissaient obéir aux objurgations de l'étranger. Avec les tarifs unilatéraux, on risque de n'avoir pour réponse que des représailles.

La Belgique donnera un bel exemple de sagesse aux autres nations, si, comme il faut l'espérer, elle écoute les conseils élevés que lui donne un des siens, à la fois industriel et économiste, M. Henri Lambert, et si elle renonce à toute mesure de guerre économique contre nous.

Ne point obéir à la tentation de répondre à un tarif par un autre tarif, est à la fois un acte vertueux et un acte conforme à l'intérêt bien entendu du peuple qui l'accomplit. Prendre l'initiative de diminuer ses dépenses militaires, est un acte inconsidéré dont la vertu n'est que spécieuse, car il consiste à s'affaiblir sans certitude de réciprocité. Obtenir par conventions des désarmements simultanés est une tentative dont l'échec est certain, comme l'expérience l'a prouvé; il n'y a pas de procédé pour mesurer le sacrifice qui doit incomber en ce cas à chaque nation, attendu que leurs forces respectives ne sont pas exactement comparables et que les réductions ne peuvent être proportionnelles.

M. Henri Lambert dont le nom vient d'être cité a dit, dans un journal belge :

« En prêchant l'esprit de conciliation, de concorde, l'honnêteté politique des États, le désarmement, les pacifistes ne s'attaquent pas à la cause. » En effet, ce serait commencer par la fin, ce serait mettre la charrue devant les bœufs que de travailler pour la paix sans s'attacher tout d'abord à faire disparaître les causes des conflits entre les nations.

La jalousie militaire, la jalousie coloniale, la jalousie commerciale sont les plus importantes de ces causes et la dernière n'est pas la moins redoutable, eu égard à la place que les questions économiques tiennent dans les préoccupations actuelles.

Le libre-échange la supprimerait radicalement ; il supprimerait aussi la jalousie coloniale ; mais puisque le jour où les barrières douanières seront partout abaissées n'est pas proche, il faut s'efforcer d'unir les nations entre elles par des liens qu'elles ne puissent facilement briser et les protéger, pour des périodes aussi longues que possible, contre l'avidité des intérêts particuliers exclusifs et contre le défaut de sagesse des gouvernants dans les divers pays. Les traités de commerce, avec la clause de la nation la plus favorisée, sont le moyen d'y parvenir ; ils sont un gage de paix sincère et dès lors un procédé sûr pour hâter la venue du temps où commenceront les désarmements.

La politique d'isolement commercial est une chimère. L'impossibilité qui a été reconnue en France en 1898, et quelques mois plus tard en Espagne, de maintenir dans leur intégralité les droits protecteurs sur le blé, quand la disette est menaçante, les guerres de tarifs, les menaces de représailles quand les droits sont élevés sur une frontière, l'insistance avec laquelle l'Allemagne a demandé que les portes du Maroc fussent ouvertes à tous et bien d'autres faits montrent à l'évidence que les nations ne peuvent songer aujourd'hui à vivre sur elles-mêmes.

III

LA POLITIQUE PROTECTIONNISTE
A L'ÉGARD DES COLONIES

1. — L'EMPIRE COLONIAL

La politique protectionniste n'est pas moins fâcheuse à l'égard des colonies qu'à l'égard de l'étranger. Elle consiste à faire créer au loin et à grands frais des centres de consommation pour les produits protégés de la métropole et à arrêter ensuite par des droits de douane le développement des centres ainsi créés.

Le premier terme de cette illogique proposition n'est pas à démontrer. Nul n'ignore que les protectionnistes ont poussé l'expansion coloniale ; on peut ajouter, selon le langage de M. Jules Harmand, que cette expansion a été poursuivie « sans idée politique précise, sans plan directeur, sans objectifs déterminés..... Les protectionnistes français n'ont su voir les millions de sujets nouveaux ajoutés aux anciennes et petites populations coloniales que sous leur aspect de consommateurs et les colonies que comme des débouchés industriels[1]. »

Quant au dernier terme de la proposition, l'exposé qui va suivre en prouvera l'exactitude. J'ai auparavant à donner un aperçu de la législation à laquelle sont soumises les colonies et qui est en suspens actuellement, sauf pour l'Algérie et la Tunisie.

Dès 1908, en prévision de la révision du tarif général de douane, le Gouvernement ouvrit une enquête sur le régime des colonies ; nul doute que les réponses qui y furent faites n'aient été communiquées à la Commission des douanes ; mais le public ne les a pas connues. La Commission n'en a rien dit et s'est contentée d'insérer dans sa proposition de nouvelle loi douanière (qui est devenue, après modifications par le Sénat, la loi de 1910) une disposition portant que les colonies profiteraient pour leurs importations en France des dégrèvements opérés sur les tarifs antérieurs.

On l'a vu, ces dégrèvements étaient insigni-

1. Rapport au Congrès des anciennes colonies. 11-16 octobre 1909.

flants; et il n'était pas parlé dans la proposition de loi des importations de produits étrangers dans les colonies, de sorte que les nouveaux tarifs aggravés devenaient applicables d'office à l'entrée de ces produits dans la plupart de nos colonies, en vertu de l'article 3 de la loi du 11 janvier 1892 ainsi conçu :

« Les produits étrangers importés dans les
« colonies.... à l'exception des territoires
« énumérés au paragraphe 2, sont soumis aux
« mêmes droits que s'ils étaient importés en
« France. »

Au Sénat, le vote de la loi, dite de revision, fut hâté, sous prétexte que l'accord franco-américain allait expirer; les représentants des colonies ne purent que protester contre les mesures qu'avait proposées la Commission des douanes et qu'avait ratifiées la Chambre.

« Je n'exagère rien, dit l'un d'eux, en affir-
« mant que le régime douanier actuel des
« colonies est le résultat d'un accord ; je
« pourrais dire, d'un véritable contrat synal-
« lagmatique, intervenu entre les colonies et
« la métropole; on vient aujourd'hui nous
« demander de le dénoncer, d'en aggraver
« singulièrement les clauses pour les colonies,
« et cela, sans les consulter. »

L'observation était inexacte sur un point : il n'a été conclu ni contrat, ni accord, entre la métropole et ses colonies ; mais l'observation était juste quant à l'aggravation des tarifs et à l'absence de consultation des pouvoirs coloniaux.

Alors fut ajouté à l'article 7 de la loi, par transaction entre les deux Chambres, un paragraphe qui n'est pas remarquable par la clarté, ainsi d'ailleurs que toute la législation douanière coloniale, mais dont le sens est celui-ci : l'application du nouveau tarif aux importations des produits étrangers dans les colonies sera suspendue jusqu'à l'intervention de règlements d'administration publique établissant, s'il y a lieu, des dérogations à ce tarif ; ces règlements d'administration publique seront rendus après avis des Conseils généraux ou des Conseils d'administration des colonies ; la suspension n'excédera pas le délai d'un an.

Ce délai est venu à expiration ; une loi du 30 mars 1911 l'a prorogé.

Il ne s'agit plus aujourd'hui de discuter le point de savoir si les énormes sommes employées à constituer notre empire colonial ont toutes été bien utilisées ; il faut accepter les faits acquis. Notre empire a une telle importance aujourd'hui qu'aucun Français ne saurait rester indifférent en face des questions y relatives.

L'Algérie et la Tunisie ont ensemble une superficie de 625.000 kilomètres carrés, avec une population de 7 millions d'individus. Nos autres colonies — sans compter le Sahara qui n'est qu'une surface territoriale de 2.400.000 kilomètres carrés — couvrent une superficie de 7.275.000 kilomètres carrés et ont ensemble une population de plus de 39 millions d'habitants, savoir :

	Kmq.	Habitants (1906).
Afrique	6.358.000	22.000.000
Asie	804.000	17.000.000
Amérique . . .	91.000	400.000
Océanie	22.000	100.000
	7.275.000	39.500.000

Le commerce général annuel de ce vaste empire, en importations et en exportations, s'élève à 375 millions pour l'Algérie et la Tunisie, et à plus d'un milliard de francs pour les autres colonies, savoir :

IMPORTATIONS DANS LES COLONIES (Millions de francs.)		EXPORTATIONS DES COLONIES (Millions de francs.)	
1910		**1910**	
De France	226	En France	200
Des colonies . . .	11	Aux colonies . . .	10
De l'étranger . . .	292	A l'étranger . . .	291
Total	529	Total	501

Ensemble 1.030

Dans ces chiffres, l'Indo-Chine entre pour plus de moitié :

Importations	284
Exportations	242
Total	526

et l'Afrique occidentale pour un tiers :

Importations	109
Exportations	85
Total	294

Les divers territoires qui composent notre empire colonial proprement dit ne se ressemblent nullement : les uns sont des portions de continent enclavées (comme la Guyane et Pondichéry) dans des colonies étrangères, ou contenant des enclaves étrangères (comme le Sénégal). D'autres colonies sont isolées dans l'Océan et il en est parmi elles qui n'ont pas de communication directe avec la France; Tahiti n'est desservie que par des paquebots californiens. Toutes nos colonies sont à de grandes distances de la métropole et généralement plus voisines de grands marchés étrangers que du nôtre. Quelques-unes ne produisent pas de denrées de première nécessité et sont obligées d'en acheter au dehors sous peine d'être affamées. Plusieurs ont des Conseils généraux élus et s'administrent en partie elles-mêmes; les autres n'ont que des Conseils d'administration : Quelques-unes sont des pays de protectorat. Il en est enfin qui, au point de vue douanier, ont fait l'objet d'arrangements commerciaux avec des puissances étrangères.

2. — RÉGIME DOUANIER DES COLONIES

Dans ces conditions de diversité, comment ont été traitées et comment devraient être traitées les colonies au point de vue douanier?

Avec le libre-échange, la question se résoudrait très simplement : il n'y aurait plus de droits protecteurs en France; il n'y aurait que des droits fiscaux. Il ne devrait exister de même, dans les colonies, que des droits fiscaux, octrois de mer, droits d'importation ou de sortie, etc., comme on voudra les appeler.

Avec le protectionnisme, tout est compliqué.

Cependant, deux systèmes peuvent être suivis : le premier est celui de l'*autonomie*, qu'a adopté l'Angleterre; il n'y a pas avec ce système de droits protecteurs aux colonies dans l'intérêt des produits métropolitains, ni de faveurs dans la métropole pour les produits coloniaux. Les colonies fixent elles-mêmes leurs tarifs à l'entrée ou à la sortie des marchandises, et peuvent protéger leurs propres produits contre toute concurrence, y compris celle de la métropole.

L'autre système consiste à *assimiler* les colonies à la métropole; c'est le système qu'adopta la Convention, lorsqu'elle déclara les colonies parties intégrantes du territoire français; on avait alors la manie de l'uniformité.

Ce système, auquel on donne aussi le nom d'*union douanière*, est le vrai système protectionniste. Il est appliqué d'une manière à peu près complète à l'Algérie, ce qui peut, à la rigueur, se justifier en raison de la proximité de ce pays d'avec la France. Les auteurs de la législation douanière de 1892 ont voulu en faire la base de l'organisation de notre empire colonial tout entier. Les produits étrangers ne devaient pénétrer aux colonies que moyennant le paiement des droits du tarif métropolitain ; autrement dit, les produits métropolitains devaient être protégés dans les colonies de la même manière que dans la métropole ; les consommateurs coloniaux devaient être tributaires des producteurs de la métropole.

Nos colonies avaient-elles besoin de cotonnades, par exemple ? Comme elles ne possédaient pas d'établissements industriels pouvant en fabriquer, elles devaient en acheter aux tisseurs français et supporter la majoration de prix que le droit protecteur assure à ces derniers tant que le prix de vente en France n'excède pas du montant du droit le prix des cotonnades étrangères ; par *compensation*, les produits coloniaux devaient entrer librement dans la métropole.

Le système de l'autonomie douanière avait été admis, après les traités de 1860, pour nos vieilles colonies de La Martinique, de la Guadeloupe et de la Réunion ; il ne faut pas le confondre avec le *self gouvernement* ; on n'a jamais songé à donner aux colonies françaises la faculté de s'administrer entièrement elles-mêmes.

6.

Le monopole du sucre était perdu pour ces vieilles colonies, en raison du développement de la fabrication du sucre de betterave en France.

« Depuis que les colonies, lit-on dans l'ex-
« posé des motifs du sénatus-consulte du
« 4 juillet 1866, n'ont plus dans la métropole
« un marché réservé, depuis qu'elles n'ont plus
« trouvé pour leur produit le plus important
« d'autre protection que celle résultant d'une
« détaxe qui, dans quelque temps, va com-
« plètement cesser, il est juste qu'elles
« puissent se procurer à un aussi bon compte
« que leurs concurrents les objets qui leur sont
« nécessaires et que des tarifs de douane
« combinés dans un tout autre intérêt que le
« leur ne viennent pas y mettre obstacle. »
Nos vieilles colonies purent donc fixer leurs tarifs d'après leurs besoins locaux et budgétaires, sans traiter plus favorablement les produits métropolitains que les produits étrangers. La France, de son côté, n'accorda aucun avantage sur son marché aux produits des colonies. Les Conseils généraux de la Martinique, de la Guadeloupe, de la Réunion profitèrent de la liberté qui leur était donnée pour supprimer les droits protecteurs et se borner à percevoir des octrois de mer

(1867-1868-1873). Elles purent ainsi faciliter leurs approvisionnements, abaisser chez elles le coût de la vie et réduire le prix de revient de leurs produits.

Nos autres possessions n'avaient pas de Conseils généraux; le Gouvernement, alors libéral en matière économique, y ramena les droits de douane sur les marchandises étrangères au faible tarif de 3 p. 100. Dans les possessions nouvelles, il ne mit aucun droit.

Les colonies se trouvèrent trop bien de ce régime, aux yeux des protectionnistes métropolitains; ils en demandèrent le changement.

Une enquête, ouverte en 1877, démontra que la situation des colonies était satisfaisante ; mais vint la crise sucrière de 1884, et la prospérité disparut. Ne pouvant lutter contre la concurrence du sucre de betterave fortement protégé en France par des droits de douane, les colonies voulurent s'attirer la bienveillance des gouvernants du temps et frappèrent de droits les produits étrangers à leur entrée chez elles. Cette maladresse ne leur servit pas; aucune faveur positive ne leur fut accordée et les protectionnistes, qui furent bientôt les maîtres en France détruisirent la liberté qu'elles avaient depuis 1866.

La Chambre des députés de 1892 alla jusqu'à

retirer aux assemblées coloniales tout droit d'intervention dans la fixation des tarifs, fussent-ils de simples octrois de mer, et le Sénat ne leur rendit qu'un droit de proposition ou de consultation. Le prétexte invoqué pour déposséder les Conseils généraux fut l'instabilité de leurs tarifs. Il eût été facile de remédier moins durement à cet inconvénient, s'il était réel.

En présentant aux Chambres le tarif qui devint celui de 1892, le Gouvernement avait laissé les colonies dans le *statu quo*, c'est-à-dire dans le régime libéral inauguré par le sénatus-consulte de 1866 ; mais, à la Commission des douanes, M. Méline avait déclaré que les colonies devaient offrir aux produits français des débouchés de plus en plus larges, que sinon, la politique coloniale serait condamnée. Conformément à cette indication, la loi avait prononcé en principe l'assimilation des colonies à la métropole. L'application intégrale du système avait toutefois été reconnue impossible et il avait été admis qu'on y introduirait un *tempérament* et une *compensation*.

Le *tempérament* était pour la métropole la faculté d'apporter des exceptions à la mesure générale, en raison des différences entre les colonies et « des situations particulières ». La *compensation* était, pour les colonies non complètement assimilées, l'exemption à l'entrée en France de tout ou partie des droits de douane pour certains de leurs produits.

En pratique, le *tempérament* consista principalement à répartir les colonies, autres que l'Algérie et la Tunisie, en deux groupes. Dans le premier, figurèrent les colonies dites assimilées à la métropole, et dans le second, les colonies exclues de l'assimilation.

Une loi de 1897 ayant modifié celle du 11 janvier 1892, les deux groupes sont actuellement formés comme suit :

Premier groupe :

La Guadeloupe ;
La Martinique ;
La Réunion ;
La Guyane ;
Saint-Pierre et Miquelon ;
Le Gaboñ ;
Mayotte et les Comores ;
L'Indo-Chine ;
La Nouvelle-Calédonie ;
Madagascar ;
Diego-Suarez ;
Sainte-Marie de Madagascar ;
Nossi-Bé.

Deuxième groupe :

L'Afrique occidentale française comprenant le Sénégal, la Guinée, la Côte d'Ivoire ;
Le Dahomey ;
Le haut Sénégal et Niger ;
La Mauritanie ;
Le Congo du bassin conventionnel ;
La côte des Somalis ;
Tahiti et ses dépendances ;
Les établissements de l'Inde.

L'Algérie resta sous le régime de la loi du 29 décembre 1884 qui a établi entre elle et la métropole une assimilation presque complète. La Tunisie resta aussi sous un régime spécial résultant en dernier lieu de la loi du 19 juillet 1890.

Pour les autres colonies, les deux groupes entre lesquels elles sont réparties ne sont nullement homogènes. Il n'y a aucune analogie, au point de vue commercial, entre l'Indo-Chine et les rochers infertiles de Saint-Pierre et Miquelon.

Il y a analogie, au contraire, dans le premier groupe, entre la Guadeloupe et la Martinique ; cependant, au lendemain de la loi de 1892, quand furent préparés au Conseil d'État les décrets rendus pour assurer l'application de cette loi, la Martinique, sans qu'on ait su pourquoi, fut traitée plus mal que la Guadeloupe. Il fallut un nouveau décret pour établir l'égalité de traitement entre les deux Antilles[1].

Il y a analogie aussi entre le Gabon et les autres parties de l'Afrique occidentale française ; néanmoins, ces deux portions d'un même territoire sont placées sous des régimes différents.

Pour les colonies du premier groupe, dites pourtant assimilées, un tableau E, annexé à la loi, a fixé des droits pour les principaux produits coloniaux. Les sucres, qui sont les plus importants, sont considérés comme étrangers à leur entrée en France ; ils ne profitent que d'une détaxe dite de distance de 2^{fr},25 à 2^{fr},50 par 100 kilogrammes de raffiné, très inférieure aux frais de transport.

Pour le cacao, le chocolat, le thé, le café, les épices, une difficulté se présentait ; les droits perçus en France sur ces denrées ne sont que des droits fiscaux, puisque notre sol n'en produit pas. Admettre gratuitement en France les denrées coloniales similaires aurait attribué une prime aux producteurs coloniaux et porté atteinte aux recettes du Trésor. Les colonies furent assujetties par le tableau E à

1. Décrets des 20 novembre 1892 et mars 1893.

payer des demi-droits pour ces denrées sauf pour le cacao non broyé. Ultérieurement, à la suite de l'arrangement avec le Brésil, la taxe sur le café colonial fut réduite de manière à lui conserver le bénéfice d'une certaine prime (78 francs par quintal) sur le prix marchand.

Ainsi, pour les colonies du premier groupe, l'assimilation n'a été que nominale et la *compensation* au *tempérament* a été faible.

En outre, les réductions de droits accordées pour quelques produits coloniaux à leur entrée en France n'ont été avantageuses qu'aux colonies où la culture du café et des épices a pu se développer.

M. Bienvenu Martin, rapporteur du budget des colonies de 1902, constatait, dès cette époque, que « la détaxe dont jouissaient les « produits coloniaux importés en France était « assurément un avantage appréciable, mais « qu'on pouvait douter qu'elle constituât, en « présence de la concurrence étrangère, un « stimulant pour nos colonies et une com- « pensation de notre tarif général ».

La loi avait prévu que des décrets, rendus après avis des Conseils généraux ou Conseils d'administration des colonies, détermineraient les produits étrangers qui, par exception, seraient l'objet d'une tarification spéciale à leur entrée dans les colonies ; on avait en vue les denrées et produits de première nécessité que ces colonies ne produisent pas et que leurs habitants ne peuvent venir acheter dans la métropole. Ces exceptions furent peu nombreuses.

Quant aux colonies du second groupe, la loi avait prévu que des règlements d'administration publique leur accorderaient des exemptions pour l'importation de leurs produits en France. Peu nombreuses aussi ont été ces détaxes.

Elles portent sur les huiles de palme, sur les bois de l'Afrique occidentale, sur le rhum de Nossi-Bé, qui sont exempts, sur le café de l'Afrique occidentale, la vanille de Nossi-Bé et de Tahiti, la girofle de Sainte-Marie de Madagascar, le café du Dahomey et de la Guinée, les bananes de la Guinée, et ces exemptions n'ont été données que sous la condition de faire venir les produits en droiture, ce qui en a atténué singulièrement l'importance.

Les colonies du second groupe ont été en partie préservées toutefois du protectionnisme, en raison de l'impossibilité pour le législateur de l'appliquer. Au Sénégal, sont des enclaves portugaises ou anglaises ; les établissements de l'Inde sont enclavés dans les possessions anglaises ; on n'aurait pu y mettre des droits élevés sans provoquer une forte contrebande. Au Bénin, une entente avec l'Angleterre et avec l'Allemagne a fixé les droits sur le genièvre, le tabac, la poudre et le sel. Au Congo, le protocole de Lisbonne de 1892, renouvelable d'année en année, a fixé les droits sur un certain nombre de marchandises. A Tahiti, on ne peut vraiment obliger les habitants à acheter uniquement des produits français ; pourtant, dans le tarif établi pour cette colonie par décret du 9 mai 1892, on voit figurer jusqu'aux cheveux ouvrés et aux orgues de Barbarie ; le sucre y est taxé à 25 francs les 100 kilogrammes, la carrosserie à 20 p. 100, les éponges fines à 50 p. 100, etc.

3. — Conséquences du régime douanier

L'exclusion du système de l'assimilation pour les colonies du second groupe n'a pas nui à leur développement ; dans toutes les colonies du premier groupe, au contraire, le commerce est en déclin.

Les chiffres du commerce extérieur ne sont pas sans doute un critérium absolument certain de la prospérité ou de la décadence d'un territoire, mais ils fournissent un élément sérieux d'appréciation, puisqu'ils mesurent une partie notable de l'activité économique.

A la Guadeloupe, à la Martinique, à la Réunion, à Saint-Pierre et Miquelon, à la Nouvelle-Calédonie, ce commerce a fortement diminué.

Exportations et importations réunies (millions de francs).

	1890	1900	1909
Guadeloupe	44	37	26
Martinique.	53	52	38
Réunion	47	39	29
Saint-Pierre et Miquelon.	31	22	14
Nouvelle-Calédonie. . .	18	21	17

Aux Antilles et à la Réunion, les denrées alimentaires, qui y font défaut pour la plupart, étaient affranchies avant 1892. Malgré les protestations des Conseils généraux, — celui de la Guadeloupe refusa même de discuter le tarif et n'émit d'avis que pressé par le Gouvernement — le décret du 20 novembre 1892 rendu pour déterminer les produits étrangers qui seraient soumis à une tarification spéciale, a frappé les animaux vivants, la volaille, les saindoux, etc. Les Antilles sont ainsi contraintes, ou d'acheter en France les denrées alimentaires dites *secondaires* en supportant de gros frais de transport, ou de les faire venir d'Amérique en payant des droits élevés. La vie a renchéri ; le prix des produits fabriqués s'en est ressenti ; les exportations sont devenues plus difficiles.

Les mêmes effets ont été constatés à la Réunion.

A Saint-Pierre et Miquelon où tout doit être acheté au dehors, c'est bien pis. Avant 1892, les animaux vivants, les œufs, les fruits, le sel, les harengs, les bois, les charbons étaient exempts. Le décret de 1892 modifia les exceptions, mais appliqua le tarif avec réduction aux viandes salées, aux saindoux, au froment, au riz, au maïs, au thé, au café, aux épices. D'autres causes de dépérissement sont venues ; les goëlettes ont délaissé la colonie pour aller s'approvisionner dans les ports voisins ; les armements sont descendus de 220 goëlettes à 55 ; la population a baissé de 6.500 à 4.700 habitants.

A la Nouvelle-Calédonie, il n'était perçu avant 1888 qu'un octroi de mer de 4 p. 100 ; le décret de 1892 a appliqué à cette colonie, située presque aux antipodes de la métropole et relativement peu éloignée de l'Australasie, le tarif métropolitain sauf exceptions pour les animaux vivants, les viandes salées, les farineux, les fruits, les sucres, les thés, les légumes, les métaux, les peaux et quelques autres marchandises. Cette colonie est en décadence.

Au Gabon aussi, dont les chiffres du commerce extérieur sont confondus avec ceux de l'Afrique occidentale, a été appliqué en 1892 un tarif élevé ; les droits furent portés de 0',50 à 2 francs les 100 kilogrammes pour les céréales, de 0',50 à 4 francs pour les farines et le riz. Le Gabon *regresse;* c'est le mot dont s'est récemment servi un gouverneur général de l'Afrique occidentale.

Pour la Guyane, l'Indo-Chine, Madagascar et Mayotte, les évaluations du commerce extérieur ont augmenté depuis 1892 :

Importations et exportations réunies (millions de francs).

	1890	1900	1909
Guyane.	13	16	24
Indo-Chine . . . (1892)	117	342	522
Madagascar.	8	51	67
Mayotte . . . . . (1892)	2	1	4

Mais la prospérité du commerce de la Guyane, de Madagascar et de Mayotte n'est qu'apparente et celle du commerce de l'Indo-Chine donne lieu à des remarques curieuses.

A la Guyane, le décret rendu en exécution de la loi de 1892 n'a maintenu la franchise que sur les produits alimentaires à l'exception des saindoux; précédemment, les droits ne dépassaient pas 4 p. 100 sur les produits étrangers et l'importation s'était fortement développée. La colonie qui n'exporte que de l'or ne peut plus faire d'achats importants et par conséquent de commerce ni dans les Guyanes anglaise et hollandaise, ses proches voisines, ni aux États-Unis.

A Madagascar, où les exportations renferment maintenant des envois d'or, les importations se composent surtout de produits destinés aux fonctionnaires et aux travaux publics. L'accroissement du commerce est un peu factice. Après l'expiration du traité précédemment conclu avec l'Angleterre, la loi du 16 avril 1897 a fait passer cette colonie dans le premier groupe. Un décret du 28 juillet 1897 a consolidé les exemptions au tarif général, mais la protection douanière, qui avait déjà été renforcée, l'a été encore et au point que certains droits devinrent prohibitifs. Pour les tissus de coton, un décret du 14 avril 1892 avait porté les droits à 35 p. 100; un décret du 31 mai 1898 les éleva à 45 p. 100. Ainsi, pour 17 millions de tissus achetés par les indigènes, il est payé en trop par eux 7.650.000 francs dont la majeure partie ne va ni au budget de la colonie, ni au budget de la métropole, mais à des tisseurs français.

En Indo-Chine, avant 1887, il n'était perçu d'autres droits que quelques droits fiscaux : le commerce extérieur avait augmenté rapidement. En 1887, on appliqua à l'Union indochinoise le tarif général, avec exceptions. Il fut même mis de gros droits, qu'il fallut bientôt abaisser, sur le thé, le café, le pétrole. Avec ces restrictions, le commerce tomba de 47 millions (1887) à 40 (1891) ; les tisseurs cotonniers, qui avaient été les instigateurs de l'élévation des droits ne retirèrent de la mesure aucun profit; la vie renchérit; les produits douaniers furent atteints par la contrebande.

Sous le régime de 1892, il ne fut fait d'exceptions au tarif que pour quelques objets ; les vêtements de soie asiatique furent taxés jusqu'à 100, 150, 400 et 500 francs les 100 kilogrammes, au détriment des indigènes. Le résultat dès maintenant visible de ces exagérations douanières est que l'Indo-Chine tend à devenir, à l'abri des barrières et contrairement aux prévisions protectionnistes, un centre industriel; des fabriques de tissus y ont été établies.

4. — LE PRÉTENDU PACTE COLONIAL

L'exposé qui précède n'est que l'exposé des complications, des anomalies, des inconséquences, des résultats fâcheux attachés au système protecteur. On s'engage dans un labyrinthe inextricable lorsqu'on a la prétention de contrarier les courants naturels et de créer par des droits prohibitifs des distances artificielles, afin de procurer un profit à quelques industriels métropolitains. Pour que les colonies prospèrent, il faut que les hommes et les capitaux s'y portent; on ne saurait l'espérer lorsque le régime commercial est instable et lorsqu'on pose en principe que l'empire colonial ne doit avoir de relations qu'avec la métropole.

On a pu mesurer, à propos du Maroc, l'acuité des difficultés internationales que fait naître le système de la porte fermée. On voit par la décadence de nos colonies, dites assimilées, les résultats de ce système pour les colonies mêmes. Actuellement, elles sont dans une dépendance telle de la métropole qu'elles doivent subir, sans avoir les moyens de se défendre, toutes les aggravations qu'il plaît au législateur métropolitain de prescrire.

Le régime actuel n'est qu'un dérivé du régime qui était en vigueur à l'époque du mercantilisme et que l'on décorait du nom hypocrite de *pacte colonial*.

Un pacte suppose un accord; il n'y a rien de pareil dans les rapports de la métropole avec ses colonies. Celles-ci ne sont point ou sont à peine consultées sur les tarifs de douane ; c'est d'office que la métropole leur interdit d'acheter des marchandises étrangères et de commercer sous pavillon étranger.

« La seule utilité des colonies de l'Amérique « et des Indes occidentales pour l'Angleterre « est le monopole de leur consommation » ; c'est en cette formule non équivoque qu'au commencement du xviiie siècle lord Sheffield définissait le système d'exploitation que l'Angleterre pratiquait dans ses colonies. Nos protectionnistes ne diffèrent point à cet égard comme à d'autres, des mercantilistes leurs prédécesseurs. Pour eux, les colonies sont toujours des fiefs que la métropole peut tailler à merci, au profit d'un petit nombre de producteurs et d'armateurs métropolitains et aux dépens des indigènes et des colons.

Toutefois dans le passé, le pacte colonial n'était pas appliqué en toute rigueur; par la force des choses, des atténuations y étaient apportées; sous la Restauration, les colonies des Antilles ont même obtenu le monopole du sucre au détriment des consommateurs métropolitains.

Les auteurs du régime de 1892 auraient voulu, au contraire, faire revivre le pacte en son entier. S'ils n'y sont pas parvenus, c'est qu'il se sont heurtés à des impossibilités de fait.

Par une aberration qu'ils ont ensuite regrettée, ils ont admis le libre-échange pour les relations de colonie à colonie. Ils supposaient sans doute que ces relations seraient sans importance. Dès qu'elles se furent un peu développées, ils ont voulu les arrêter afin que les colonies ne devinssent pas des pays industriels. En 1903, une proposition fut faite à la Chambre dans ce but, et M. Boucher, rapporteur, osa dire : « Faut-il laisser les « colonies exercer librement leur activité « dans toutes les voies où il leur plaira de la « diriger, et leur donner la facilité de nous « infliger une concurrence désastreuse ? La « réponse ne saurait être douteuse. » En effet, il proposa de limiter l'activité commerciale des colonies par des droits protecteurs en faveur de l'industrie métropolitaine qui, aux yeux des protectionnistes, est la seule industrie nationale.

Comme arguments à l'appui de sa proposition, M. Boucher a fait valoir que la France s'étant imposé des sacrifices considérables pour ses colonies était en droit d'en chercher la compensation dans l'établissement d'un régime destiné à lui assurer le bénéfice des échanges avec les différentes parties de son territoire colonial. Or, il ne s'agit nullement, lorsqu'on frappe de droits protecteurs, soit les marchandises étrangères qui vont dans une colonie, soit les marchandises d'une colonie envoyées en France ou dans d'autres colonies, d'encaisser des recettes destinées à atténuer plus ou moins les sacrifices imposés aux contribuables métropolitains par la constitution, l'organisation et la défense des colonies. Les droits protecteurs ne sont pas des droits fiscaux.

Les producteurs métropolitains ont beau chercher à identifier leurs intérêts particuliers et les intérêts généraux du pays, leurs intérêts particuliers, si respectables qu'ils puissent être, ne sont qu'une partie et une faible partie des intérêts du peuple français. Sur les bénéfices qu'ils font, ces industriels à la fois

protégés pour leurs envois dans les colonies
et pour leurs ventes à l'intérieur de la France
ne versent rien dans les caisses du Trésor; au
contraire, par *compensation*, comme disent
leurs amis, ils font payer à leurs concitoyens
de la métropole les produits coloniaux plus
cher qu'ils ne devraient l'être, et renchérissent la vie de leurs concitoyens installés aux
colonies.

En 1788, Du Pont de Nemours s'adressa à
Franklin pour l'exciter à favoriser le développement des relations commerciales de la
France et des États-Unis; Franklin répondit :
« Les hommes sont toujours prévenus en
« faveur des formes auxquelles ils ont été
« accoutumés quoiqu'elles ne soient peut-être
« pas les meilleures; les marchands améri-
« cains me disent : Nous demandons encore à
« l'Angleterre les articles dont nous avons
« besoin, parce qu'on y comprend nos ordres
« d'achat et qu'on les exécute avec précision [1]. »
Aussi, malgré l'aide coûteuse que la France
avait fourni aux colonies anglaises pour devenir indépendantes, celles-ci sont restées les
associées commerciales de l'Angleterre. C'est
qu'en effet il existe dans les colonies en faveur

1. *Correspondance de Benjamin Franklin*, traduite et
annotée par Laboulaye, Hachette, 1866.

de la mère patrie un avantage contre lequel les étrangers ont toujours à lutter et qui résulte de la nature des choses ; c'est la communauté des goûts, de la langue et de l'origine. Il faut tenir compte aussi de la présence dans les colonies de fonctionnaires et de soldats entretenus par la métropole, de la nécessité où est celle-ci d'assurer des relations postales et par conséquent maritimes. De là résulte, pour les producteurs métropolitains, une protection très réelle, qui leur permet de fournir aux colonies des marchandises à des prix un peu supérieurs aux prix de l'étranger. Il n'y a pas de motifs pour leur assurer par la loi d'autres sources de profits.

Que, dans la mesure nécessaire, l'on établisse aux colonies des droits fiscaux et non des droits protecteurs, soit ; que l'on empêche les colonies d'appliquer des tarifs qui seraient prohibitifs pour les produits métropolitains, soit encore ; mais que l'on ne s'évertue pas à les empêcher de vivre et de prospérer alors qu'on a consacré des ressources énormes pour les créer. C'est bien à cet illogisme que se ramène la question coloniale, ainsi que je l'ai avancé au début de ce chapitre.

IV

LA POLITIQUE PROTECTIONNISTE
A L'INTÉRIEUR OU POLITIQUE DE CHERTÉ

1. — La politique de cherté

On ne saurait trop le répéter, parce que c'est la vérité, le but du protectionnisme est d'élever artificiellement les prix de vente de certaines marchandises à l'intérieur du pays et par conséquent de faire payer au profit des producteurs protégés un impôt aux consommateurs.

La politique protectionniste est à la fois une politique de privilèges et une *politique de cherté*. Nous nous tairons sur la politique de privilèges; mais nous ne saurions garder le silence sur la politique de cherté parce que tout le monde en souffre; et nous sommes en droit de dire puisque le blé, base de l'alimentation, est taxé, que la politique protectionniste est la *politique du pain cher !*

Assurément, il faut s'efforcer de ne point

exciter les passions populaires : à cet égard, le manifeste que la *Ligue du Libre-Échange* a lancé à l'occasion des stupides et dangereuses manifestations des soi-disant ménagères contre la hausse du prix des denrées, marque les sentiments de ses membres; mais on ne peut enlever aux protectionnistes la responsabilité qui leur incombe quant à la cherté de la vie et modifier le caractère distinctif de leur politique.

Ils ont protesté contre la qualification qui a été donnée à cette politique; après avoir poursuivi le but, ils ont nié l'effet. Les uns ont prétendu que l'étranger supportait les droits de douane, ou bien que les consommateurs ne payaient rien aux producteurs par suite de la protection; autrement dit, qu'on pouvait vendre plus cher aux consommateurs sans qu'ils achetassent plus cher. D'autres ont soutenu que les droits protecteurs élevaient les prix du gros et non les prix de détail, les prix de la marchandise primitive et non les prix de la marchandise transformée, de sorte qu'on pouvait avoir, par exemple, du blé cher et du pain à bon marché. Mais à l'appui d'aussi singulières affirmations, il n'a point été donné d'autres raisons que des imprécations contre les intermédiaires, imprécations qui ont con-

couru à entretenir les plus détestables préjugés populaires.

Il est par trop évident que tout renchérissement doit être supporté par quelqu'un ; quand
les minotiers paient le blé cher, il faut, ou
qu'ils renchérissent le prix de la farine ou
qu'ils perdent ; quand la farine est chère, il
faut, ou que les boulangers haussent le prix
du pain, ou qu'ils abaissent la qualité du pain,
ou qu'ils perdent ; on ne saurait concevoir un
système qui élève les prix et assure un bénéfice supplémentaire aux producteurs sans
préjudice pour personne. Lorsque des fabricants supportent une perte pendant un certain
temps, ils renoncent à produire ; c'est ce qui
se passerait tant pour les meuniers que pour
les boulangers, s'ils étaient dans l'impossibilité de renchérir leurs prix lorsque leurs
matières premières renchérissent.

Cependant, un protectionniste très autorisé
a écrit en 1909, à la veille de la revision du
tarif douanier : « La protection, c'est, disent
« les libres-échangistes, la politique du pain
« cher, de la vie chère ; elle est une cause de
« hausse des prix et par suite de moindre bien-
« être ; et voilà qu'au contraire, elle nous
« a conduits au bon marché par le stimulant
« qu'elle a donné à une production plus abon-

« dante. Tandis que sur le marché libre de Lon-
« dres, les *index-numbers* de Sauerbeck accu-
« sent entre 1891 et 1907 une hausse de 16,90 p.
« 100 sur l'alimentation végétale et de 9 p. 100
« sur l'alimentation animale, le tableau des
« prix moyens annuels à Paris fait apparaître
« entre les deux mêmes dates une baisse no-
« table sur les principales denrées. En même
« temps, à Paris, les statistiques municipales
« enregistrent des moyennes de consomma-
« tion individuelle progressives sur tous les
« articles, l'alcool excepté. »

Ainsi, les protectionnistes, en poursuivant
la cherté, auraient amené le bon marché : tel
est le paradoxe que l'on enseigne ! Si donc les
droits étaient encore plus élevés qu'ils sont,
s'ils étaient tout à fait prohibitifs, ils nous
auraient conduits à un bien-être extraordinaire et nous devrions aspirer sans cesse à un
renforcement de la protection. Pourtant, un
mot de l'auteur rend perplexe : « la protection,
« dit-il, a donné un stimulant à la produc-
« tion ». Comment a-elle pu donner un stimulant si elle n'a pas élevé les prix ? et l'auteur, qui ne prévoyait pas la hausse actuelle,
a assuré qu'elle ne les a pas élevés en s'ap-
puyant sur des statistiques concernant Paris
et sur les *index-numbers* de M. Sauerbeck.

Seulement, si l'on consulte *l'Annuaire statistique de la France* où est publié chaque année un tableau de *nombres indices* comparés à ceux de M. Sauerbeck et calculés à l'aide des prix à l'importation de 43 articles, on constate que la marche des prix a été la même dans son ensemble en France et en Angleterre, qu'il y a eu baisse de 1890 à 1895 (plus exactement 1896), puis relèvement, et que ce relèvement a été plus accentué dans la France protectionniste que dans l'Angleterre libre-échangiste. Voici les chiffres :

OBJETS D'ALIMENTATION :

	1890	1895	1900	1905	1909
France	105	97	95	102	111
Royaume-Uni.	107	95	101	102	107

MATIÈRES DIVERSÉS :

	1890	1895	1900	1905	1909
France	115	93	121	114	120
Royaume-Uni.	109	93	122	115	115

ENSEMBLE :

	1890	1895	1900	1905	1909
France	111	94	110	109	116
Royaume-Uni.	108	94	113	109	112

En réalité, les variations générales des prix ont des causes autres et souvent plus puissantes que la législation douanière, à commencer par le progrès incessant du machinisme, de sorte que l'effet de cette législation est souvent masqué.

Si, par exemple, la production du froment est devenue moins coûteuse, cela tient à ce que les procédés agricoles se sont merveilleusement perfectionnés depuis un certain nombre d'années, que l'usage des semoirs, des faucheuses et des engrais chimiques s'est presque partout répandu, que les modes de culture ont été plus raisonnés, qu'on a fait succéder le blé à la betterave, etc. Il y a eu des *stimulants* autrement actifs que la protection douanière.

L'Annuaire statistique de la France permet de faire une autre constatation : lorsque les protectionnistes affirment que le consommateur n'a pas souffert des droits de douane parce que le *stimulant* douanier a amené une production abondante, ils songent surtout au blé. Or, bien que les prix intérieurs du blé aient été tels pendant quelques années que les droits de douane aient à peine joué, on le verra plus loin, la consommation de cette céréale est moindre qu'avant l'établissement du régime protecteur. Voici encore les chiffres :

	CONSOMMATION	
	TOTALE (millions d'hectol.).	PAR TÊTE (hectol.).
Moyenne de 1880 à 1884 .	125	3,32
— de 1900 à 1904 .	118	3,01
— de 1905 à 1909 .	123	3,17

Et l'on ne peut pas dire avec certitude que l'abaissement de la consommation du froment soit provenu d'un développement de la richesse qui aurait fait remplacer dans l'alimentation le pain par des produits plus succulents, car il y a toujours nombre de gens pour qui le froment est trop cher et qui mangent plus de pommes de terre, de seigle, d'orge, de sarrasin, de châtaignes que le comporterait une alimentation rationnelle.

Pour la viande, les statistiques de consommation pour l'ensemble de la France font défaut.

Mais on peut faire des observations du même genre que sur le blé pour une autre denrée alimentaire, le sucre, que l'on ne peut plus classer parmi les objets de luxe.

La consommation du sucre était de 10 kilogrammes par habitant en 1881; elle était encore de 10 à 11 kilogrammes en 1901, vingt ans plus tard, après une période de protection telle que, à ma connaissance personnelle, certaines fabriques n'ont jamais donné de dividendes à leurs actionnaires qu'en raison de l'importance des primes qui leur étaient allouées par l'État. Lorsque cette protection eut été réduite, grâce à la réforme menée à bonne fin par M. J. Caillaux, alors ministre des Finances, la consommation par habitant a augmenté rapidement : de 11 kilogrammes, elle a monté, en 1909, à près de 16 kilogrammes; 6 millions de quintaux ont été fabriqués en France au lieu de 4 millions.

Ainsi, en consultant les statistiques dressées pour la France entière, au lieu de prendre des chiffres ne concernant que Paris, où les octrois, les chemins de fer, l'énorme population agglomérée font un marché exceptionnel, on ne trouve pas de symptômes permettant d'accorder aux protectionnistes le *satisfecit* qu'ils se donnent. Il suffit d'ailleurs de rappeler les crises que l'industrie de la marine marchande, l'industrie sucrière, l'industrie viticole, toutes fortement protégées, ont subi du fait de la protection pour être persuadé que ce *satisfecit* aurait besoin de justifications plus complètes.

Mais acceptons, par hypothèse, que les prix intérieurs des marchandises protégées n'aient été qu'exceptionnellement majorés par les droits de douane, ce qui est tout à fait inexact, on le verra, et que les consommateurs n'aient qu'exceptionnellement payé les énormes impôts qu'une poignée de privilégiés a voulu prélever sur eux, que faudrait-il conclure de là ?

Les économistes n'ont pas prétendu que les droits de douane élèveraient le prix des marchandises protégées, quoi qu'il arrive, et ils n'ont fait de promesses à personne ; ils ont dit que la protection rendrait les prix intérieurs plus élevés que les prix extérieurs ; les protectionnistes ont été forcément d'accord, sur ce point, avec les économistes, car la surélévation a été le but de la protection.

Les économistes ont dit encore qu'on ne pouvait s'arrêter dans la protection parce qu'en excitant la production intérieure, elle amène au bout d'un certain temps une baisse relative des prix des produits protégés.

Un industriel, Jean Dollfus, a décrit en 1860, comment les choses se passent :
« Lorsque le marché français est encom-
« bré, nous ne savons pas où porter nos pro-
« duits, parce que nous connaissons peu les
« marchés étrangers et que nous ne pou-
« vons, dans des moments difficiles, impro-
« viser des débouchés ; nous baissons alors
« hors de proportion. En revanche, nous

« montons très haut dès que la marchandise
« devient rare et rien ne peut alors tempérer
« les prix excessifs. On s'empresse d'élever
« beaucoup de filatures quand les prix sont
« hauts, on retombe ensuite fort bas, par
« l'effet d'une surabondance de production.
« Ce sont là des soubresauts continuels dont
« aucune de nos industries ne saurait bien se
« trouver et qui certainement ne les déve-
« loppent pas comme le ferait inévitablement
« un système moins restrictif[1]. »

C'est ce qui est arrivé pour plusieurs industries depuis 1892. La protection a d'abord
frappé plus ou moins durement les consommateurs, puis elle est devenue inefficace pour
les producteurs en raison de la concurrence
qu'ils se sont faite entre eux et de l'impossibilité où ils étaient d'improviser des débouchés.

Les protectionnistes n'ont pas à se glorifier
de ce que les prix ont baissé dans certains cas,
malgré la protection ; ce qu'ils avaient promis, ce n'était pas des bas prix, c'était des
hauts prix ; c'est ce qu'ils promettent encore
à leurs clients. Quoi qu'ils puissent dire, leur
politique passée et présente est bien la politique
de la cherté ; si les denrées et marchandises

1. Jean Dollfus. *De la levée des prohibitions douanières*, 1860.

ne sont pas assez chères à leurs yeux, c'est que leur système a fait faillite et que le progrès l'a emporté sur les restrictions qu'ils ont inventées pour l'arrêter.

2. — L'INCIDENCE DES DROITS DE DOUANE

Cependant, il est souvent difficile en pratique de montrer par des faits précis quels sont, quant à la cherté, les effets de la protection douanière ; et c'est de cette difficulté que profitent les protectionnistes.

La recherche de l'influence des droits de douane sur les prix est un problème analogue à celui qu'on se propose en matière d'impôts quand on veut savoir quelles sont les personnes qui en supportent réellement le poids.

Quelques-uns disent : la recherche de l'incidence des impôts est insoluble ; mais, à l'occasion, ces mêmes personnes recherchent l'incidence de tel ou tel impôt. En réalité, on peut constater assez fréquemment qu'un contribuable désigné par le fisc pour payer un certain impôt n'est pas celui qui le supporte ; le contribuable désigné, après avoir donné son argent, s'efforce de transformer son paiement en avance et de reporter la charge mise à son nom sur tous ceux à qui il vend des produits ou des services ; s'il y parvient, celui à qui il a renvoyé la charge s'efforce à son tour de la renvoyer à un autre et ainsi de suite.

Mais les rejets n'ont pas lieu indéfiniment et au hasard ; ils ne dépendent pas uniquement de la volonté des individus et de leur désir de se débarrasser du fardeau qui leur incombe. Ce sont des phénomènes économiques régis par les lois économiques. Tous, nous vendons quelque chose, soit des objets, soit des services. Un impôt est une addition aux frais de production de ces objets ou de ces services ; nous en rejetons le poids sur autrui lorsque nos ventes se font en quantité suffisante et à prix suffisant pour que nos frais de production soient entièrement couverts. Nous le supportons dans le cas contraire. Quand nous n'y parvenons pas, nous renonçons à une production qui nous met constamment en perte.

En outre, les rejets sont d'autant plus faciles que les prix sont plus mobiles. Pour certaines marchandises ou pour certains services, il y a une résistance aux variations des prix ressemblant à la résistance du frottement pour la matière. C'est le cas pour les salaires qui restent longtemps fixes ; les rejets des impôts qui augmentent les frais de production du travail s'effectuent difficilement et, par ce motif, on doit se garder de taxer les marchandises de première nécessité.

Ces réflexions s'appliquent aux droits de douane : prenons un droit purement fiscal ; il agit comme le ferait une taxe intérieure sur la consommation ; l'étranger avance le montant du droit, puis le rejette sur les acheteurs ; sinon, il renonce à importer.

Prenons un droit protecteur ; son existence arrête plus ou moins l'importation et provoque à l'intérieur une hausse dont profitent les producteurs. Si cette hausse amène un accroissement suffisant de la concurrence indigène, il pourra y avoir ensuite une baisse telle que les importations deviennent tout à fait impossibles parce que la somme du prix extérieur et du droit sera supérieure au prix intérieur ; on dira alors que le droit ne joue plus dans son plein ; mais tant qu'il y a hausse, le consommateur la supporte et le producteur en profite.

Pour mettre ces résultats en évidence, il suffirait de comparer les prix des marchandises protégées à l'intérieur et à l'extérieur ; on verrait dans quels cas le droit joue peu ou ne joue pas. Malheureusement, les mercuriales s'appliquant à des produits comparables sont très rares. Il est toujours risqué de raisonner sur le prix des poulets, attendu que les poulets ne sont pas tous également bien en chair et que leur chair n'a pas toujours les mêmes qualités. Il n'y a qu'un petit nombre de marchandises pour lesquelles existent des types assez bien déterminés pour qu'on puisse faire des comparaisons exactes.

Parmi les marchandises non protégées en France, il en est pour lesquelles on a de bonnes mercuriales ; si on les compare, on constate qu'à quelques différences près dues aux frais de transport, à l'organisation des marchés, etc., les prix sont à l'intérieur et à l'extérieur presque identiques. Il en est ainsi pour le coton au Havre et à Liverpool ; pour la laine à Roubaix et à Anvers ; le prix du kilogramme de peigné de Buenos-Ayres n° 1 est sensiblement le même sur un marché que sur l'autre ; les opérations s'effectuent sur les deux marchés comme si la frontière n'existait pas.

Il est à présumer d'après cela que le contraire devra être constaté pour les produits protégés en France et non protégés à l'étranger.

Et, en effet, on le constate pour le blé, denrée pour laquelle on possède des relevés de prix bien comparables en France et à l'étranger. Les résultats de la comparaison sont relatés dans le chapitre ci-après ; ils sont si clairs qu'on est en droit de les généraliser et d'affirmer qu'en moyenne pour toute marchandise protégée, les prix sur les marchés intérieurs sont plus élevés que les prix sur les marchés des pays sans protection, d'une quantité sensiblement égale au montant des droits.

On possède d'ailleurs, pour un certain nombre de marchandises autres que le blé, des indices non absolument exacts, mais suffisants pour vérifier la généralité de cette proposition.

En bornant nos observations aux seules denrées alimentaires de consommation courante, on peut dire que les droits de douane sur le pain, sur la viande, etc., agissent comme le feraient des impôts de consommation qui seraient établis sur toutes les quantités de ces denrées mises en vente sur le marché intérieur. Or, je viens de le dire, les salariés ne peuvent rejeter le poids de cette charge sur autrui qu'en cas d'élévation permanente du prix de leur travail. Quand ce prix reste bas, leur vie est d'autant plus pénible que la protection douanière est plus efficace. Rien qu'à ce point de vue, la protection des matières alimentaires en particulier et la protection sur toute marchandise en général est condamnable.

3. — INFLUENCE DES DROITS DE DOUANE SUR LE PRIX DU BLÉ

Avant 1860, le mode de protection adopté pour le blé était *l'échelle mobile;* ce système consistait à fermer et à ouvrir les frontières à l'entrée et à la sortie, selon les variations des prix. Il annihilait le commerce des céréales en interdisant toute prévision raisonnable sur le moment où l'entrée et la sortie pourraient être avantageuses. Après la réforme de Robert Peel en Angleterre, il disparut de la législation commerciale de tous les pays de l'Europe et, depuis lors, personne n'a osé en demander sérieusement le rétablissement.

En France, le droit sur le blé fut ramené à 0',60 le quintal, décimes compris, c'est-à-dire à un droit purement fiscal. Grâce à la liberté, les consommateurs ressentirent à peine les variations des récoltes. Lorsque le marché intérieur n'était pas suffisamment pourvu, l'étranger comblait le déficit. En 1878 notamment, des importations considérables de blé d'Amérique nous préservèrent de la disette, mais l'obstacle que ces importations mirent à la cherté servit, à ceux qui soutenaient que les cultivateurs étaient incapables de trouver désormais un prix rémunérateur, de prétexte pour demander le retour de la protection frumentaire.

Les agriculteurs, ou plus exactement les grands propriétaires du sol, se liguèrent dans ce but avec les grands industriels ; mais tout d'abord, ils furent les dupes, réelles ou apparentes, de ces derniers ; ils firent campagne avec eux pour obtenir le rétablissément d'un régime économique anti-libéral, mais quand vint le moment de partager le butin, les industriels ne voulurent pas compromettre leur propre cause en provoquant, par des droits d'entrée sur les objets d'alimentation, un renchérissement de la vie dans les milieux ouvriers. A la Chambre des députés, pas une voix ne s'éleva pour demander l'établissement d'un droit protecteur sur le blé. Au Sénat, la proposition fut faite ; elle n'eut pas d'écho.

Aux élections suivantes, l'agriculture répara son échec ; la loi du 28 mars 1885 mit un droit de 3 francs sur le blé, et en même temps un droit de 25 francs au lieu de 15 francs sur les bœufs, un droit de 8 francs au lieu de 7 francs sur la viande.

Léon Say dit aux agrariens triomphants : « Le droit de 3 francs ne vous suffira pas. »

En effet, deux ans plus tard, le droit sur le blé fut porté à 5 francs (loi du 29 mars 1887). A cette époque, les prix de vente quoique élevés n'étaient pas des prix de disette : le blé valait moins de 23 francs le quintal et la production indigène était considérable depuis quelques années[1]. Les consommateurs ne se rendirent pas compte de l'influence du droit.

En 1891, la cherté vint et il fallut ramener la taxe de 5 francs à 3 francs ; mais les mesures furent si bien prises qu'au moment où la loi fut promulgée (2 juillet), le blé avait baissé de prix depuis trois mois dans toute l'Europe, et que la population pauvre avait supporté tous les effets du renchérissement naturel provenant des mauvaises récoltes et du renchérissement artificiel provenant du droit de douane.

A cette mauvaise année succéda une période de fléchissement des prix ; les agrariens obtinrent en 1894 (loi du 27 février) l'élévation du droit de 5 francs à 7 francs. En même

		MILLIONS DE QUINTAUX
1.	1882	02
	1883	70
	1884	86
	1885	83
	1886	81
	1887	85

temps fut donnée au Gouvernement la faculté de suspendre le droit en cas de cherté sans consulter les Chambres. Les auteurs des lois dites de protection reconnaissaient ainsi qu'elles devaient avoir pour effet de renchérir les prix. Mais n'osant prendre la responsabilité d'affamer le peuple, ils essayaient de rétablir indirectement le système de l'échelle mobile.

En 1898, le Gouvernement se vit obligé d'user de la faculté qui lui avait été donnée. Il ne se décida qu'au dernier moment et en s'excusant auprès des agriculteurs de les empêcher de profiter de la hausse créée par la protection.

« On pouvait croire, dit le ministre de « l'Agriculture d'alors, M. Méline, qu'après « les déclarations rassurantes des Gouvernements américain et espagnol qui enlevaient « toute raison d'être à la panique de la première heure, le marché allait retrouver son « calme et revenir à des prix normaux. On « pouvait espérer aussi que la culture apporterait sur le marché une quantité suffisante « de blé pour enrayer la hausse; il n'en a « rien été, et en quelques jours, on a vu au « contraire le prix du blé monter de 30 à « 33 francs et même 34 francs. »

Après cet aveu au sujet de la médiocre qualité

des prophéties gouvernementales en matière
économique, le ministre reconnut que l'agriculture protégée n'était pas en mesure de
subvenir seule aux besoins des consommateurs
dans les années calamiteuses. Il ajouta : « Le
« devoir du Gouvernement était tout tracé.
« Il n'a pas cessé de défendre de toute l'énergie
« de sa conviction l'intérêt des producteurs de
« blé et les droits qui les protègent. En le
« faisant, il a rendu le plus grand des services
« aux consommateurs, car, sans les droits de
« douane qui, en soutenant le courage de nos
« agriculteurs, ont provoqué depuis dix ans
« dans toute la France l'augmentation des
« ensemencements de blé et l'élévation des
« rendements, on aurait eu dans une année
« calamiteuse comme celle que nous venons de
« traverser une récolte presque nulle et on
« aurait vu des prix de famine. Il ne faut
« toucher aux droits de douane qu'à la der-
« nière extrémité... Le Gouvernement a pensé
« à ce moment où toute la récolte était aux
« mains des agriculteurs, qu'il serait d'une
« criante injustice de leur retirer la protection
« de nos tarifs douaniers au moment où ils
« en avaient le plus besoin... Aujourd'hui, il
« faut bien le reconnaître, la situation a em-
« piré...

« Nous sommes convaincus, que l'agricul-
« ture française comprendra les raisons qui
« ont décidé le Gouvernement, après mûre
« réflexion, à prendre cette grave mesure et
« qu'elle la ratifiera... Elle donnera au
« régime économique qui la protège plus de
« solidité et d'autorité en faisant fonctionner
« à temps la soupape de sûreté dont il a été
« pourvu... »

Une fois de plus l'action des droits de douane sur les prix était publiquement reconnue.

Les protectionnistes avaient pourtant affirmé que les consommateurs ne souffriraient pas des droits de douane et un agronome, M. Risler, avait cru trouver en 1885 une explication de ce mystère. Il était parti de deux suppositions spécieuses : « Si nous ne faisons
« aucun appel à l'étranger, le droit ne jouera
« pas ; si nous demandons la totalité de notre
« consommation à l'étranger, le droit jouera
« dans son plein. » Puis il avait ajouté :
« Nous sommes à distance de ces deux ex-
« trêmes, nous consommons du blé étranger,
« mais nous consommons surtout du blé in-
« digène ; le droit jouera en raison de la
« quantité de blé étranger entrant dans la
« consommation. »

« Pour 110 millions de quintaux de blé
« consommé, dont 10 millions venus de
« l'étranger avec un droit de 3 francs » —
c'était le droit d'alors — « la majoration sera
« de 30 millions pour l'ensemble et de 0ʳ,30
« par quintal. »

Il était clair que si la majoration devait
être aussi faible, le droit protecteur était inutile et qu'un droit prohibitif eût été préférable parce qu'alors il ne serait pas entré du
tout de blé étranger en France et que le consommateur n'aurait rien eu à payer.

Les économistes ne manquèrent pas en
outre de regarder les mercuriales et il se
trouva que les prix du blé — ainsi d'ailleurs
que ceux de la viande et des autres produits
agricoles protégés en France — étaient chez
nous plus élevés que dans les pays libres
d'une quantité sensiblement égale aux droits
de douane. Des comparaisons de ce genre
furent faites par M. Yves Guyot, par M. de
Foville, par feu Jules Fleury et par d'autres.
M. Yves Guyot montra notamment par un
graphique que le droit se faisait d'autant plus
sentir que le prix de vente était plus élevé.

M. Lesage [1], opérant une· réfutation en

1. *Annales des Sciences politiques.*

règle de la thèse de M. Risler, constata aussi que de 1885 à 1890, le prix du blé avait été majoré en France d'une somme supérieure au montant du droit. Son travail est résumé dans le tableau ci-après :

De 1885 à 1890 (d'après M. Lesage).

| | PRIX DU QUINTAL | | DIFFÉRENCES | DROITS de douane |
	en France.	en Angleterre[1].		moyens.
1885 .	21,71	17,23	4,48	2,45
1886 .	21,84	16,03	5,81	3
1887 .	22,87	17,06	5,81	4,50
1888 .	24,40	16,71	7,69	5
1889 .	23,54	15,69	7,85	5
1890 .	24,50	18,04	6,46	5
Moyennes.	23,14	16,79	6,35	4,16

Ultérieurement, j'ai fait pour la Société d'Économie politique[2] une comparaison des prix du blé, semaine par semaine, pendant plusieurs années, pour Paris, Londres et Bruxelles. Il en est résulté que le prix du blé

[1]. Le quarter a été compté pour 2 hect. 907, l'hectolitre pour 76 kilogrammes.

[2]. Avec des renseignements recueillis par le ministère de l'Agriculture pour les premières années et publiés par cette administration pour les autres années.

en France, de 1891 à 1899, a été en moyenne majoré d'une quantité sensiblement égale au montant des droits. M. Zolla a fait une comparaison analogue qui a abouti aux mêmes résultats généraux.

Mon travail a été contrôlé par feu Des Essarts à la Société de Statistique ; je l'ai continué jusqu'à ce jour : j'en donne ici un résumé, année par année. Il a été confirmé aussi par les *Memoranda prepared by the Board of trade* jusqu'en 1902. Dans ce dernier document, il a été constaté que pour l'année 1882 antérieure à tout droit protecteur sur le blé en France les prix avaient été moins élevés chez nous qu'en Angleterre[1] :

44 sh. 11 d. le quarter en France.
45 sh. 1 — en Angleterre.

1. Yves Guyot, *la Comédie protectionniste*, 1905.

Prix du quintal de blé à Paris, à Londres et à Bruxelles.

ANNÉES	PÉRIODES	PRIX à Paris.	PRIX à Londres.	PRIX à Bruxelles.	DIFFÉRENCES entre les prix de Paris et ceux de Londres.	DIFFÉRENCES entre les prix de Paris et ceux de Bruxelles.	DROITS de douane en France.
		fr.	fr.	fr.	fr.	fr.	fr.
1891	Janvier-juillet	28,55	20,85	»	»	»	5
	Juillet-décembre	26,97	21,93	»	»	»	3
	Pour l'année	27,74	21,35	23	6,39	4,74	4
1892	Janvier-mai	24,84	19,10	»	»	»	3
	Juin-décembre	22,12	16,84	»	»	»	5
	Pour l'année	23,63	17,77	19	5,86	4,63	4,60
1893	Pour l'année	20,96	15,24	15	5,72	5,96	5
1894	Janvier-février	20,92	15,33	13,76	»	»	5
	Mars-décembre	19,14	13,71	12,90	»	»	7
	Pour l'année	19,40	14,00	13,05	5,40	6,35	6,60
1895	Pour l'année	18,86	13,33	13 20	5,53	5,66	7
1896	—	19,13	15,94	15,60	3,22	3,53	7
1897	—	25,32	18,17	18,16	7,15	7,15	7
1898	Janvier-mai	29,22	21,80	21,84	»	»	7
	Mai-juillet	28,39	26,11	27,04	»	»	0
	Juillet-décembre	21,94	18,12	18,01	»	»	7
	Pour l'année	24,82	20,67	20,80	4,15	4,02	5,40
1899	Pour l'année	20,02	15,74	16,16	4,28	3,86	7
1900	—	19,96	16,44	16,83	3,52	3,12	7
1901	—	20,40	16,53	16,30	3,87	4,10	7
1902	—	21,88	17,19	15,76	4,69	6,12	7
1903	—	22,90	16,95	16,28	5,95	6,62	7
1904	—	22,17	17,91	»	4,26	»	7
1905	—	23,51	18,62	17,62	4,89	5,89	7
1906	—	23,70	17,78	16,81	5,92	6,89	7
1907	—	23,99	19,35	18,73	4,64	5,26	7
1908	—	22,60	19,79	19,69	2,84	2,98	7
1909	—	24,32	22,72	21,90	1,60	2,42	7
1910	—	26,25	19,24	19,77	7,01	6,48	7
1911	Jusqu'au 4 octobre	26,42	19,13	19,11	7,29	7,31	7
	Moyennes de 1891 à 1911				4,96	5,16	6,55
	Moyennes de 1895 à 1911				4,76	5,08	6,90

En consultant ce tableau, on voit : en premier lieu qu'à Londres et à Bruxelles les prix ont été voisins, en quelque année que ce soit ; en second lieu, qu'ils ont toujours été plus faibles sur ces deux marchés que sur le marché de Paris et que la différence a été presque toujours voisine du montant du droit. Elle a dépassé ce montant dans la période que M. Lesage a considérée ; elle l'a plusieurs fois aussi dépassé dans la période postérieure : en 1891, en 1892, en 1893, en 1897, en 1910 et en 1911, années où le prix du blé a été relativement élevé. Au contraire, dans les années où le prix du blé a été bas, comme en 1894, 1895, 1896 et 1900, la différence entre les prix à Paris et à l'étranger a été plus faible que le montant du droit.

Il y a eu exception à cette règle dans l'année 1898 qui a été troublée par des circonstances exceptionnelles attendu que le droit a été momentanément et tardivement suspendu. Il y a eu exception aussi dans les deux années 1908 et 1909 qui sont pourtant des années de prix élevés.

Ces divers résultats s'expliquent : le cours d'une marchandise ayant une production et une consommation aussi générales que le blé se règle partout d'après le rapport entre l'offre et la demande mondiales, avec des atténuations ou des exagérations provenant des circonstances particulières à chaque pays et même à chaque localité. C'est ainsi qu'il y a entre les prix du blé sur les divers marchés de la France des écarts qui atteignent jusqu'à 3 et 4 francs [1].

Il y a de même, indépendamment de l'in-

---

1. En voici quelques exemples :

1806. *Milieu de février :*

Lyon	10f,25
Rouen	17f,40

Milieu de juin :

Toulouse	20f,30
Rouen	17f,65

1807. *Commencement de juillet :*

Nancy	24f,00
Rouen	20f,70

Fin août :

Paris	29f,50
Bergues	26f,10

Fin novembre :

Paris	30f,35
Nancy	26f,75

1808. *Mars :*

Toulouse	30f,95
Nancy	26f.50

Août :

Chartres	20f,00
Bergues	23f,35

1909. *Prix moyens de l'année.*

Morbihan	21f,41
Savoie	26f,10

fluence des droits de douane, des écarts entre les prix des divers marchés de l'Europe. Spécialement, la situation du marché de Paris et celles des marchés de Londres et de Bruxelles ne sont pas identiques.

A Londres, les circonstances locales ont peu d'influence. Dans un pays maritime, sillonné de voies de communication comme est l'Angleterre, faisant de larges appels de blé à l'étranger, ayant le plus grand commerce international du monde, la concurrence intérieure et la concurrence extérieure tendent à se confondre. A Londres les prix, on l'a dit, se règlent dans le rapport de la production universelle à la consommation universelle.

Bruxelles n'est pas dans une situation plus défavorable que Londres à raison de sa proximité du port d'Anvers.

En France, nous avons une longue frontière maritime, mais les distances entre nos ports extrêmes sont grandes ; nous consommons du blé étranger, mais nous consommons surtout du blé indigène. Nous sommes un pays producteur, mais notre production se répartit inégalement sur la surface de notre territoire ; 50 départements produisent plus de blé que ce qui est nécessaire à leur consommation ; 37 ont une production déficitaire. Nous avons un grand commerce international, mais nous l'avons restreint par nos droits de douane; les droits sur le blé gênent à la fois l'importation et l'exportation du blé, car en général, on ne peut exporter des marchandises dont le prix a été artificiellement majoré; les droits sur les autres marchandises gênent aussi l'exportation du blé, car ils restreignent les échanges. Enfin, en temps de grande cherté, comme en 1897 et 1898, 1910 et 1911, le pouvoir donné aux gouvernements de modérer ou de supprimer les droits, laisse planer, quant à l'importance des droits d'entrée, une incertitude qui gêne les importations.

Toutes ces circonstances font que la situation mondiale a moins d'influence sur les prix en France qu'en Angleterre. En temps de cherté intérieure coïncidant avec une pénurie générale, comme en 1898, avant que le droit n'ait été suspendu, comme en 1910 ou en 1911 où le droit a été maintenu, la hausse est plus grande chez nous que chez nos voisins. En temps d'abondance intérieure coïncidant avec une abondance générale, la baisse est au contraire plus accentuée qu'ailleurs; c'est ce qui s'est passé en 1894 et en 1900. Lorsque l'abondance intérieure coïncide au contraire avec une pénurie relative à l'extérieur, comme en 1908 et en 1909, la baisse est arrêtée. Dans ces deux derniers cas, le droit ne joue pas dans son plein.

On peut dire néanmoins, d'une manière générale, que la charge de la protection, variable chaque année, progresse en temps de cherté et diminue dans les temps de bas prix ; mais qu'elle existe toujours et qu'elle est en moyenne voisine du montant du droit.

Si, pendant la période de 1891 à 1911, elle a été un peu inférieure au droit, pendant la période de 1885 à 1890, elle avait été supérieure.

On peut calculer dès lors quel a été le poids de la protection du blé depuis l'établissement du régime protecteur, je le ferai plus loin. Une observation est encore nécessaire ici.

Lorsqu'en temps de cherté le droit est suspendu, modéré ou supprimé, ainsi qu'en 1898, le producteur n'obtient plus, — M. Méline, l'a reconnu, — les avantages que lui avaient promis les protectionnistes, et cela au moment où il aurait pu compenser par le haut prix l'insuffisance de sa récolte en quantité. Il n'obtient pas non plus les avantages promis en cas de baisse générale dans le monde, parce qu'alors la concurrence intérieure provoque en

France un fléchissement des cours plus grand qu'ailleurs et que l'existence du droit a contribué à accentuer le fléchissement en excitant la production. Enfin, il ne protège pas également tous les agriculteurs ; pour augmenter la production, il faut accroître le rendement des terres ; toutes les terres ne se prêtent pas à une culture intensive ; toutes les exploitations ne sont pas organisées à cet effet ; tous les cultivateurs ne sont pas aptes à y parvenir.

4. — Influence des droits de douane sur les prix de détail

Puisque, pour le blé, on constate que sur le principal marché de la France, les prix, depuis l'établissement des droits de douane, sont toujours plus hauts que sur les marchés similaires des pays libres, comme l'Angleterre et la Belgique, on peut affirmer que les produits dérivés du blé, tels que le pain et la farine, coûtent plus cher en France que dans les pays libres. Cela est presque évident *a priori* ; mais puisque certains prétendent que les prix de détail ne suivent pas les prix du gros, il est utile de donner à ce sujet des explications.

D'une manière générale et abstraction faite

des influences douanières, les prix subissent deux sortes de variations successives; les unes sont des oscillations lentes, résultant principalement des progrès du machinisme, des modifications dans les salaires, du mouvement des métaux précieux, etc.

Les autres variations sont des oscillations courtes provenant de la concurrence sur les marchés et des changements dans la production engendrés par des changements dans la productivité agricole ou industrielle. Le progrès du machinisme amène une baisse des prix ; au contraire, une mauvaise récolte des produits bruts amène une hausse plus ou moins rapide des produits fabriqués ; la rareté du coton amène la hausse des filés, des tissus, du linge confectionné ; la rareté du blé amène une hausse des produits dérivés du blé.

En somme, pour chaque espèce de produits, chaque marché est influencé par des circonstances particulières à cette espèce de produits ou à ce marché. Dans un même pays, dans une même localité, il y a des différences assez notables entre les prix de la même denrée. A Paris, dans les quartiers riches, il faut bien que le consommateur paie la cherté des loyers des détaillants, le luxe de leurs boutiques ; il faut partout qu'il paie les services supplémentaires et variables que les commerçants lui rendent, tels que l'apport des marchandises à domicile, la facilité de rendre la marchandise quand l'achat a cessé de plaire, le crédit, etc. Pour le pain, par exemple, les prix ne sont nullement identiques sur la surface de la capitale.

Malgré tant de causes de diversité, les prix de détail suivent à peu près la même marche que les prix des matières premières, mais avec des oscillations moins brusques et moins fréquentes. Le commerçant, l'intermédiaire dont les protectionnistes disent tant de mal, ne fatigue pas sa clientèle par des variations incessantes ; il n'élève ses prix que si la hausse de la matière première dure depuis un certain temps : en sens inverse, il ne fait profiter sa clientèle d'une baisse de prix que si la baisse en gros a une certaine importance et une certaine durée.

Les gens qui déblatèrent contre les meuniers et les boulangers, quand le prix de la farine ou celui du pain hausse, se figurent sans doute que chaque fabricant ou marchand assoit les prix à son plaisir comme le faisaient autrefois les seigneurs féodaux pour les services à tirer des moulins banaux et des fours banaux.

En fait, ainsi que le montre le tableau ci-après, le prix de la farine suit le prix du froment ; la différence entre ces prix représente les frais de mouture et est à peu près constante ; je dis à peu près, car, lorsque les prix du quintal de blé sont hauts, ceux du quintal de farine sont relativement plus hauts. En effet, il faut 143 kilogrammes de blé pour fabriquer 100 kilogrammes de farine ; une hausse sur 143 kilogrammes doit être nécessairement plus forte en proportion qu'une hausse sur 100 kilogrammes.

Prix moyens en France du quintal de froment et du quintal de   'epuis 1890 [1].

	FROMENT	FARINE	DIFFÉRENCE
1890 . . .	24,98	36,03	11,03
1891 . . .	27,12	38,69	11,57
1892 . . .	23,59	35,71	12,12
1893 . . .	21,38	31,70	10,48
1894 . . .	19,35	29,47	9,32
1895 . . .	18,62	28,71	10,09
1896 . . .	19,20	28,55	9,35
1897 . . .	24,84	34,55	9,71
1898 . . .	25,47	37,57	12,10
1899 . . .	19,81	29,86	10,05

1. Les chiffres ci-dessus sont tirés de la *Statistique agricole annuelle*. Ils donnent des prix moyens pour le pays entier et non des prix de marchés.

	FROMENT	FARINE	DIFFÉRENCE
1900 . . .	19,08	28,19	9,11
1901 . . .	20,07	28,78	8,71
1902 . . .	21,45	29,99	8,54
1903 . . .	22,36	31,39	9,03
1904 . . .	21,33	31,18	9,85
1905 . . .	22,86	32,46	9,60
1906 . . .	22,83	32,56	9,73
1907 . . .	23,26	32,48	9,22
1908 . . .	22,90	32,14	9,24
1909 . . .	23,60	33,04	9,44
Moyenne.	22,26	32,08	9,82

Il est donc faux de dire que le meunier s'empare du profit que le législateur a voulu assurer par le droit de douane au producteur de blé.

Le métier de boulanger répond très bien à l'idéal protectionniste puisque le fabricant est lui-même un commerçant en rapport direct avec le consommateur; néanmoins, les protectionnistes persistent à voir en lui un intermédiaire; il n'y a de producteurs à leurs yeux que les agriculteurs et les industriels qui procèdent aux premières transformations de la matière. Aussi les boulangers sont-ils en butte à des accusations injustifiées. On prend des faits isolés, et l'on soutient que ces prétendus intermédiaires majorent à l'excès le prix du pain ; on pourrait avec d'autres faits prouver tout aussi bien qu'ils sont des philanthropes qui se ruinent à nourrir leurs semblables. Ce serait une absurdité en sens inverse.

Ainsi pendant l'année 1898, année de cherté, 321 boulangers de Paris ont vendu à certains moments le pain de 4 livres 2 centimes au-dessous de la taxe officieuse, 35 autres 7 centimes au-dessous, 6 autres 12 centimes au-dessous et la taxe officieuse ne tient pas compte de tous les éléments de dépense que les boulangers ont à supporter surtout dans les quartiers du centre. Pendant l'année 1909, du 29 mars au 4 avril, 210 boulangers ont de même vendu le pain de 4 livres 2 centimes au-dessous de la taxe officieuse et 29 autres 6 centimes 1/2 au-dessous. Mais cela ne prouve nullement que les boulangers vendent à perte ; cela signifie que la concurrence entre eux est active et que les prix varient en raison des circonstances.

En temps ordinaire, le prix du pain change peu, parce que les boulangers font des marchés de farine à long terme. Il baisse ou s'élève, quand le prix de la farine et, par conséquent, celui du blé baisse ou s'élève d'une manière notable et durable.

La boulangerie est libre. Si les boulangers

faisaient de gros bénéfices, il naîtrait de nouveaux boulangers; si au contraire les boulangers étaient trop nombreux, il en disparaîtrait quelques-uns. La preuve des effets de la concurrence se trouve dans les faits relatifs à Paris pour les années 1898 et 1910.

Par suite de la guerre hispano-américaine, de la suspension du droit de 7 francs et des hésitations qui l'ont précédée, le prix du blé a subi en 1898 de grandes variations. Or, on constate au mois de janvier, quand le blé valait à Paris 29ʳ,37, que

51 boulangers vendaient les 2 kilog. . .				0ʳ,90
1.735	—	—	—	. . 0ʳ,85
204	—	—	—	. . 0ʳ,80
98	—	—	—	. . 0ʳ,75

Qu'à la fin d'avril quand le blé valait 32ʳ,62

1 boulanger vendait les 2 kilog . .				1 fr.
101	—	—	—	. . 0ʳ,95
546	—	—	—	. . 0ʳ,90
1.215	—	—	—	. . 0ʳ,85
139	—	—	—	. . 0ʳ,80
11	—	—	—	. . 0ʳ,75

Qu'à la fin de décembre, quand le blé valait 20ʳ,37

383 boulangers vendaient les 2 kilog. .			0ʳ,80
1.026	—	—	. . 0ʳ,75

```
105 boulangers vendaient les 2 kilog . .   0f,70
 90      —            —.         —    . .   0f,65
  1      —            —          —    . .   0f,60
```

Ainsi le nombre des boulangers qui ont élevé le prix au dessus de 0f,85 a été peu important pendant la hausse, et la plupart ont rapidement fait profiter le public de la baisse.

Pendant l'année 1909, le prix du quintal de farine a subi aussi d'assez grandes variations ; de 31f,60 au mois de janvier, il est monté à 36f,58 au mois d'août après une série d'oscillations pour descendre à la fin de l'année un peu au-dessous de 32 francs. Néanmoins, le nombre des boulangers qui ont maintenu le prix du pain à 0f,80 les deux kilogrammes a toujours été important. Au mois de janvier, sur 2.124 boulangers, on en comptait 1.379 dans ce cas; au mois de juin, on en comptait 1.127. Le nombre de ces boulangers descendit jusqu'à 970, mais remonta dès le mois de juillet, bien que le prix de la farine fût encore très élevé. A la fin de l'année, ce nombre était d'environ 1.500.

Ceci montre bien que les boulangers n'élèvent le prix du pain que lorsqu'ils ont à faire de nouveaux approvisionnements ou de nouveaux marchés sur des bases comportant une élévation sérieuse du prix de la farine. Il ne faut pas oublier — je l'ai fait déjà remarquer incidemment plus haut — que si, dans certains cas ou dans certains quartiers, le prix du pain semble élevé, cela tient à ce que des services accessoires sont rendus au consommateur pour lui procurer des économies de temps en portant le pain chez lui, des satisfactions à des habitudes en fabriquant plusieurs variétés de pain, des facilités de crédit, etc.

La diversité dans le prix du pain suivant les localités et, dans les grandes villes, selon les quartiers, rend difficile la détermination de prix moyens et par conséquent la comparaison avec les prix de vente successifs de la farine et du blé. On sait néanmoins que la taxe officieuse du pain est calculée suivant une formule constante d'après le prix de la farine et qu'en pratique les prix de vente en diffèrent peu ; c'est la preuve que, d'une manière générale, le prix du pain suit le prix de la farine et partant celui du blé.

Pour les marchandises autres que le froment et ses dérivés, il est plus difficile de saisir en fait l'influence des droits de douane sur les prix. La comparaison entre les prix

de vente d'une épicerie française et d'une épicerie anglaise est défectueuse, a dit M. Leroy-
Beaulieu, parce qu'ici les prix sont influencés
par toute l'organisation du commerce intérieur qui est très différente dans les deux
pays et certainement moins coûteuse chez nos
voisins que chez nous.

M. March, directeur de la *Statistique
générale* en France, dans une étude sur *les
salaires et le prix de l'existence à différentes
époques*, a dit de même à propos des prix de
détail : « Dans les boucheries et les épiceries,
« les différences de prix d'une maison à l'autre
« sont très sensibles; l'écart entre le prix le
« plus bas et le prix le plus élevé du même
« article représente jusqu'à 50, 75 et même
« 100 p. 100 du prix le plus bas ; on peut
« estimer de 30 à 40 p. 100 l'écart habituel,
« et si l'on rapporte l'écart entre le prix le
« plus élevé et le prix vendu par les grands
« magasins d'approvisionnement à ce dernier
« prix, la proportion peut être estimée à
« 15 p. 100. De rares articles, comme le sucre,
« seront vendus partout le même prix; d'autres,
« comme les morceaux de choix dans la
« viande, donnent lieu à des écarts considé-
« rables suivant les boucheries. »

L'explication de ces différences est analogue

à celle qui a été donnée ci-dessus pour le prix du pain.

Néanmoins, l'enquête faite en 1903 par le *Board of Trade* sur les salaires, enquête portant entre autres choses sur le coût de la vie, nourriture, logement, etc., a permis d'établir que pour un grand nombre de denrées, les prix sont sensiblement moins élevés en Angleterre et en Belgique qu'en France. On le voit par le tableau ci-après qui s'applique aux mêmes quantités consommées par semaine :

	ANGLETERRE	BELGIQUE	FRANCE
Sucre	1f,11	1f,57	1f,60
Beurre. . . .	2f,80	2f,71	2f,63
Pommes de terre . . .	0f,74	0f,70	0f,77
Farine. . . .	1f,33	1f,47	2f,05
Pain blanc. .	2f,84	2f,74	3f,30
Lait.	1f,82	1f,14	1f,30
Bœuf	3f,15	3f,06	3f,46
Mouton . . .	1f,00	1f,90	1f,30
Porc.	0f,41	0f,44	0f,48
Charbon. . .	2f,22	2f,80	3f,80
Total. . .	17f,41	17f,72	20f,79
Nombre index..	100	102	118
Nombre index en excluant le charbon . . .	100	99 [1]	111

1. Voir à ce sujet l'étude de M. Paturel sur *le protectionnisme et le coût de la vie dans les familles ouvrières.*

5. — Coût total de la protection

Essayons maintenant de chiffrer ce que la protection coûte aux consommateurs. Faisons ce calcul pour le blé. Il faut tout d'abord connaître pour chaque année les quantités de froment mises en vente sur les marchés ; toute la production du blé telle que l'indiquent les statistiques n'est pas vendue ; une partie est employée à la semence, une autre partie est consommée sur place. Des cultivateurs gardent pour eux-mêmes et pour leurs domestiques ou journaliers une certaine quantité de blé ; les plus petits d'entre ces cultivateurs consomment la totalité de leur récolte. Quant à la semence, elle atteint 210 à 250 litres par hectare quand on sème à la volée, 150 à 160 litres seulement quand on emploie le semoir en ligne [1]. Beaucoup de cultivateurs, même ceux qui consomment leur blé, achètent des semences. Dans ces conditions, on peut admettre que sur 100 kilogrammes de froment récoltés, il y en a 70 environ portés au marché.

De 1900 à 1909, la production totale du fro-

---

1. 207 litres par hectare en moyenne d'après la *statistique agricole* de 1892.

ment a atteint, d'après les statistiques offi-
cielles, 911 millions de quintaux; les quantités mises en vente peuvent dès lors, pendant
ces dix années, être évaluées à 638 millions
de quintaux, non compris le blé de l'étranger dont les importations se sont élevées à
30 millions. Le total mis en vente ressort
ainsi à 668 millions de quintaux. En supposant que le prix du quintal en France comparé aux prix du quintal en Angleterre ou en
Belgique ait été majoré en moyenne de 5 francs,
la somme payée en trop par les consommateurs en dix ans, de 1900 à 1909, s'élèverait à
plus de trois milliards, et par an en moyenne
à 334 millions, dont 319 millions encaissés
par les producteurs indigènes.

Quelques réductions que l'on puisse faire
subir à ces évaluations hypothétiques, il est
certain qu'un énorme impôt est levé chaque
année par les producteurs de blé, et cet impôt est progressif à rebours; il est d'autant
plus lourd que le consommateur a plus besoin
de pain, c'est-à-dire qu'il est plus pauvre ou
qu'il a plus de bouches à nourrir; il ne profite
pas à la partie de la population agricole qui
ne vend pas de blé, c'est-à-dire aux journaliers,
aux domestiques, aux petits agriculteurs qui
sont de beaucoup les plus nombreux. Sur

2.235.000 exploitations que l'on a comptées en France, on n'en a trouvé que 138.000 ayant plus de 40 hectares et 711.000 ayant de 10 à 40 hectares ; c'est dans ces deux catégories seulement que l'on doit chercher les cultivateurs qui touchent une part des 319 millions.

Mais le plus souvent ils ne gardent pas cette part pour eux-mêmes. L'effet de la prime est d'amener une élévation de la rente foncière lors du renouvellement des baux, en raison de la concurrence que provoque parmi les candidats fermiers l'espoir des profits futurs, ou d'arrêter la baisse de cette rente en empêchant la diminution des emblavures sur les terres les moins propres à la culture du froment.

Ce sont finalement les gros et moyens propriétaires du sol à qui vont surtout les profits de la protection douanière. La prime correspond au moins annuellement à 40 francs par hectare cultivé en blé.

Quant aux consommateurs, les 334 millions de charge annuelle qu'ils ont à supporter représentent le prix de près d'un quintal 1/2 de blé par ménage[1], si tous les ménages achetaient leur blé ou leur pain, ce qui, on l'a vu,

___

1. Pour 10 millions de ménages.

n'est pas exact. Or, la consommation moyenne de froment par tête et par an n'atteint pas en France 2 quintaux 1/2!

C'est, quand le droit de sept francs joue dans son plein, un impôt de 14 centimes par pain de 4 livres. Comme en outre le bœuf et le mouton sont taxés à 35 francs les 100 kilogrammes, ou 0ᶠ,35 le kilogramme, la charge douanière, pour une famille qui mange 4 livres de pain et 1 kilogramme de viande est de 0ᶠ,49 centimes, ce qui équivaut à une heure de travail par jour d'un chef de famille payé 0ᶠ,50 l'heure.

Léon Say avait évalué à un milliard et demi la dépense supplémentaire que les droits de douane devaient imposer chaque année aux consommateurs. Un calcul exact de cette charge est évidemment impossible ; mais le chiffre auquel on arrive pour le blé est tel qu'on peut considérer l'évaluation de Léon Say comme au-dessous de la vérité.

La France a heureusement assez de ressources pour n'avoir pas été ruinée par son mauvais régime économique, mais il pèse lourdement sur elle. Il a contribué à l'enchérissement de la vie ; il a amené en conséquence des restrictions dans la consommation et des diminutions dans la production. Il a restreint

par là l'importance du progrès matériel que
nous pouvions faire et n'a favorisé que quelques citoyens. L'industrie du vêtement qui
emploie 1.550.000 personnes, d'après les statistiques, et beaucoup plus en fait, est tributaire des industries textiles protégées qui n'emploient que 900.000 personnes. Presque toutes
les industries françaises sont tributaires des
producteurs de fer et d'acier qui n'emploient
que 60.000 personnes.

V

LA POLITIQUE PROTECTIONNISTE
ET LE PROGRÈS MATÉRIEL ET MORAL

1. — LE PROGRÈS MATÉRIEL

Il est facile de concevoir que dans les sociétés civilisées tout tend à se combiner pour que les satisfactions individuelles augmentent de ''s en plus, ou, en termes plus exacts (afin de tenir compte de l'accroissement continu de la population) pour qu'il y ait chaque jour plus de satisfactions mises à la portée d'un plus grand nombre de personnes.

Chaque producteur, en vue de gagner sa vie ou de s'enrichir, s'efforce de réduire ses frais de production et de multiplier ses ventes ; il s'ingénie à trouver de meilleurs procédés de fabrication et à perfectionner son outillage ; il cherche à augmenter sa clientèle et à triompher de ses concurrents. De là, dans toutes les professions, une émulation générale et perpétuelle qui, par des actes d'égoïsme, amène ce résultat altruiste que chaque jour on fabrique plus de produits et que peu à peu on les vend à meilleur marché. En conséquence, la vie de chacun s'améliore et la population peut croître sans que vienne la misère.

Il n'y a qu'à comparer le mouvement de la population, dans les pays civilisés, avec celui de leur commerce extérieur pour voir que leur activité économique, dont l'importance de ce commerce est un indice, croît avec une rapidité beaucoup plus grande que le nombre de leurs habitants, même dans les contrées les plus prolifiques.

On peut tirer de la production du blé dans le monde une autre preuve de la tendance dont je viens de parler. Les statistiques que l'on possède à ce sujet ne sont sans doute qu'approximatives, mais elles suffisent pour pouvoir affirmer que la production du blé augmente beaucoup plus vite que la population. Cette production n'était évaluée, vers 1880, qu'à 550 millions de quintaux ; pour la période 1903 à 1907, elle atteint 900 millions par an en moyenne.

En même temps, les prix de beaucoup de produits ont baissé.

Les divers tableaux du mouvement du commerce extérieur montrent que les échanges eu poids ont plus augmenté que les échanges en valeurs ; pour les produits manufacturés, la baisse a été considérable, même dans les pays protectionnistes.

En France, le kilogramme de tissus de coton blancs ou écrus valait en moyenne 15 francs en 1826, 5f,53 en 1847, 2f,50 en 1896. Les draps étaient cotés en moyenne 24 francs le kilogramme en 1847 ; 12f,50 en 1896 ; les chaussures en cuir, vendues 33f,50 le kilogramme en 1874, ne valaient plus que 18 francs le kilogramme en 1905.

Des phénomènes analogues ont été constatés partout. Le perfectionnement du machinisme et des procédés de culture, la multiplication et l'amélioration des moyens de transport, l'abondance des capitaux ont fait diminuer les frais de production des marchandises sans que les bénéfices légitimes des fabricants aient été visiblement réduits et sans que l'élévation successive des salaires ait été arrêtée.

Le public est chaque jour, dans le monde, mieux servi et servi à meilleur marché.

Chaque fois que le prix d'une marchandise baisse, de nouvelles couches de consommateurs se présentent pour en acheter. Les uns usaient déjà quelque peu de cette marchandise, mais en si petite quantité, vu leur manque de ressources, qu'ils étaient obligés de réprimer constamment leurs désirs. Les autres étaient *infiniment pauvres* en face de la marchandise; le prix en était trop élevé pour eux. Par exemple, ils devaient manger de l'orge ou du seigle sans connaître le froment.

On n'a pas les moyens de chiffrer le profit réel que les populations retirent de l'abondance d'une production. Tout ce que l'on peut dire, c'est que l'évaluation en argent de la baisse de prix qui est la conséquence de cette abondance ne mesure nullement l'importance des satisfactions nouvelles qui sont obtenues et qui précédemment étaient inaccessibles à une foule de consommateurs. Quand le prix des vêtements baisse, on applique l'économie à faire un meilleur dîner, à aller se promener à bicyclette, etc. Ces suppléments de jouissance ne se comptent point en numéraire.

Les quelques réflexions qui précèdent suffiraient encore à condamner le protectionnisme puisque le but de ce système est de surélever artificiellement les prix et qu'il met des entraves à l'amélioration de la vie; il est un instrument de *régression*.

2. — Diminution du commerce extérieur

Considérons notre commerce extérieur et rappelons ce qui s'est passé au cours de la période pendant laquelle a été appliqué le régime économique libéral, inauguré en 1860 par le traité de commerce avec l'Angleterre.

La prospérité de la France a été remarquable. De 1859 à 1869, malgré les guerres de la Sécession, du Mexique et austro-prussienne, notre commerce spécial a passé de 3.907 millions de francs à 6.228 millions, c'est-à-dire avec un accroissement moyen par an de 232 millions. A aucune époque, il n'y a eu de pareils résultats. Des industriels n'en prétendirent pas moins, à la fin de l'Empire, que la France se ruinait.

Après la guerre de 1870, le relèvement de la France a été si rapide qu'il a provoqué l'étonnement du monde ; en 1875, 62 chambres de commerce contre 14 se sont prononcées pour le maintien des traités de commerce ; dans les industries qui s'étaient plaintes le plus amèrement, la production augmentait considérablement. Dans l'industrie du coton, le nombre des chevaux-vapeur passait de 29.300 en 1859 à 88.500 en 1879 ; l'exportation des produits s'élevait de 143 millions de francs en moyenne de 1854 à 1859 à 306 millions de 1876 à 1879 ; la consommation du coton en laine qui était de 82 millions de kilogrammes en 1859 montait à 131 millions en 1880.

Il en était de même pour la métallurgie qui avait aussi poussé des gémissements ; la production de la fonte s'éleva de 856.000 tonnes en 1859 à 1.733.000 tonnes en 1880.

Enfin, dans l'ensemble de l'industrie, le nombre des chevaux-vapeur passait de 178.000 en 1860 à 544.000 en 1880, non compris les machines employées pour les transports par voies ferrées et autres.

Le régime libéral a donc, après comme avant 1870, grandement favorisé le développement de nos forces industrielles sans qu'il ait été nécessaire, comme le croient les protectionnistes, de provoquer artificiellement des hausses de prix et un renchérissement général de la vie.

Notre commerce extérieur a passé (commerce spécial) de 7.332 millions de francs en 1872 à 8.501 millions en 1880, avec un accroissement total de 1.169 millions et un accroissement annuel de 145 millions.

L'agriculture a prospéré de même. La surface plantée en vignobles s'est étendue de 2.205.000 hectares en 1860 à 2.391.000 en 1874, époque de l'invasion du phylloxéra. Nos exportations de vins, inférieures à 200 millions de francs en 1861, ont dépassé 250 millions en 1881. Celles des vins de la Gironde en Angleterre, qui n'étaient que de 25.000 hectolitres en moyenne de 1855 à 1859, avaient monté à 46.000 hectolitres de 1876 à 1880.

L'insuffisance des récoltes en céréales attira de l'étranger en 1869 et en 1878 des importations exceptionnelles, mais en d'autres années les exportations françaises se développèrent et les agriculteurs n'eurent jamais à souffrir d'un avilissement exceptionnel des prix. Les statistiques indiquent pour la moyenne la plus basse du prix du quintal de froment pendant la période libérale 22^f,30 en 1865 ; la moyenne était descendue à 20 francs et au-dessous au temps de l'échelle mobile et elle est tombée dans ces dernières années depuis l'établissement du régime protecteur jusqu'à 18^f,85 (1896).

Nous ne retrouvons pas, pour notre commerce extérieur, les mêmes indices de prospérité depuis le rétablissement du régime protecteur. Ce commerce a fortement diminué, lorsque les droits ont été relevés, soit modérément par le tarif de 1881, soit exagérément par celui de 1892 :

1° 1880 à 1885 :

	COMMERCE GÉNÉRAL	COMMERCE SPÉCIAL	
	Millions de francs.	Millions de francs.	Millions de quintaux.
1880. . .	10.725	8.501	263
1885. . .	8.885	7.176	254
En moins	1.840	1.325	9

2° 1891 à 1895 :

	COMMERCE GÉNÉRAL	COMMERCE SPÉCIAL	
	Millions de francs.	Millions de francs.	Millions de quintaux.
1891. . .	10.669	8.838	310
1895. . .	9.509	7.094	288
En moins	1.160	1.744	22

Ainsi dans les deux périodes, notre commerce a diminué en poids et en argent.

Si nous considérons la période totale de 1880 à 1895, nous constatons que l'augmentation en poids a été très faible et la diminution en argent considérable.

	COMMERCE GÉNÉRAL	COMMERCE SPÉCIAL	
	Millions de francs.	Millions de francs.	Millions de quintaux.
1880. . .	10.725	8.501	263
1895. . .	9.509	7.094	288
En moins	1.216	1.407	En plus 25

En Angleterre et en Belgique, où le régime libéral a prévalu, les données pendant cette même période sont toutes différentes :

	COMMERCE GÉNÉRAL Angleterre. Millions de francs.	COMMERCE SPÉCIAL Belgique. Millions de francs.
1880	17.440	2.898
1895	17.563	3.066
En plus	123	168

Le trouble dû au régime protecteur s'est d'ailleurs prolongé bien au delà des années qui ont suivi immédiatement le tarif de 1892. On s'en rend compte en comparant notre commerce à celui des pays non protectionnistes de l'Europe occidentale, l'Angleterre, la Belgique et les Pays-Bas, depuis 1891 :

	COMMERCE GÉNÉRAL (millions de francs.)	
	Angleterre.	France.
1891	18.764	10.669
1908	26.473	13.801
Augmentation	7.709	3.132
	41 p. 100	29 p. 100

COMMERCE SPÉCIAL
(millions de francs).

	Belgique.	Pays-Bas.	France.
1891 . . .	3.319	5.243	8.338
1908 . . .	5.833	10.510	10.691
Augmentation	2.514	5.266	2.353
	75 p. 100	100 p. 100	29 p. 100

Il résulte de ces chiffres que le régime protecteur a arrêté le développement de notre commerce avec l'étranger. Il a restreint les importations et il n'a pas activé les exportations. Voici à cet égard des chiffres concluants :

COMMERCE GÉNÉRAL
(millions de francs).

	Angleterre.		France.	
	Importations.	Exportations.	Importations.	Exportations.
1891 . .	10.971	7.793	5.938	4.731
1908 . .	14.955	11.518	7.181	6.620
Augmentation	3.984	3.725	1.243	1.889
	36 p. 100	47 p. 100	20 p. 100	39 p. 100

COMMERCE SPÉCIAL
(millions de francs).

	Belgique.		Pays-Bas.	
	Importa-tions.	Exporta-tions.	Importa-tions.	Exporta-tions.
1891. . .	1.800	1.519	2.847	2.396
1908. . .	3.327	2.506	5.930	4.580
Augmen-tation	1.527	987	3.083	2.184
	85 p. 100	65 p. 100	109 p. 100	91 p. 100

COMMERCE SPÉCIAL
(millions de francs).

France.

	Importations.	Exportations.
1891	4.768	3.570
1908	5.640	5.051
Augmentation	872	1.481
	18 p. 100	41 p. 100

Pendant qu'en Angleterre, en Belgique et dans les Pays-Bas, les importations augmentaient de 36, de 85 et de 109 p. 100, les exportations de 47, de 65 et de 91 p. 100, les importations n'augmentaient chez nous que de 18 à 20 p. 100 et les exportations de 39 à 41 p. 100.

Il ne pouvait en être autrement : le protectionnisme est fait pour arrêter les importations. En conséquence, il diminue les affaires avec l'étranger et met des obstacles aux exportations. Il provoque en outre, de la part de l'étranger, des représailles qui se traduisent par des obstacles à l'envoi des marchandises.

Pendant la période de 1880 à 1895, le protectionnisme s'est énormément développé dans beaucoup de pays. Il n'est pas supposable qu'en mettant sur un grand nombre de frontières des obstacles artificiels, on n'ait pas abouti à empêcher l'accroissement du commerce dans le monde entier. Mais les restrictions ont forcément été plus considérables dans les pays qui, comme la France, se sont le plus engagés dans ce protectionnisme.

« Le régime de protection inauguré ou consolidé par la plupart des Gouvernements » a été signalé officiellement comme l'un des obstacles qui s'opposent à la multiplication de nos affaires, par le président de la Commission des Valeurs de douanes, M. Alfred Picard, dans l'un de ses derniers rapports annuels.

On se rend compte de cette influence en considérant une industrie en particulier : les vins de Champagne ont été frappés à l'entrée d'un grand nombre de pays de droits d'entrée élevés, soit pour protéger des fabriques de vin mousseux, soit pour d'autres motifs. Il est résulté de là, selon les pays, ou une diminution de nos exportations, ou un arrêt dans leur progrès, c'est-à-dire dans les deux cas un préjudice à une industrie française qui, par la qualité exceptionnelle de ses produits, a conquis une réputation universelle.

3. — Obstacles au développement de l'industrie nationale

On ne manquera pas de dire — et ce sont peut-être des croyants de la balance du commerce qui commenceront, eux qui s'imaginent que l'exportation donne la richesse et l'importation la ruine — que le développement du commerce extérieur importe peu en face de la nécessité où se trouve un peuple de conserver son industrie nationale. Mais il est clair que les restrictions au commerce extérieur portent un préjudice direct et sérieux à la navigation, aux ports, aux chemins de fer, aux transporteurs de tout genre, aux commissionnaires en marchandises, etc., etc. Il est clair que les droits de douane gênent toutes les industries qui ont à consommer des produits protégés; les droits sur la houille et sur les produits métallurgiques frappent la presque totalité des industries; elles ne peuvent exister sans houille, ni fer.

En 1901, M. Millerand, ministre du Commerce, a calculé que la prime accordée par la protection douanière aux 31 grandes usines métallurgiques existant en France s'élevait :

A 33 p. 100 du prix des wagons à voyageurs;

A 9 p. 100 du prix des voitures de tramways;

A 6 p. 100 du prix des machines hydrauliques;

A 33 p. 100 du prix des machines dynamo-électriques;

De 3 1/2 à 12 p. 100 du prix des machines pour la filature et le tissage;

A 4 p. 100 du prix des machines à imprimer;

A plus de 5 p. 100 du prix des constructions navales.

L'existence des droits de douane est, en outre, un obstacle aux transactions sur les produits fabriqués qui servent de matières premières à certaines industries.

On en trouve un exemple pour les laines peignées qui donnent lieu à des opérations nombreuses de vente et d'achat. Comme elles ne sont pas frappées de droits en Angleterre, en Belgique, en Hollande et en Suisse et qu'elles n'ont à payer qu'un droit minime en Allemagne tandis qu'elles sont assujetties à un droit de 25 centimes par kilogrammé à leur entrée en France, notre marché de laines est artificiellement restreint.

A ce sujet, un grand industriel, M. Eugène Motte a déclaré, lors de la revision du tarif de 1910, que le régime de 1892 a fait perdre à l'industrie lainière française plus de 100 millions de francs d'exportations, et il a fait observer qu'au lieu de renforcer les droits protecteurs de cette industrie en face des nations étrangères qui, elles aussi, ont des protectionnistes pleins d'exigences, il vaudrait mieux enlever les droits sur les peignés étrangers dont l'importation est faible, supprimer la surtaxe d'entrepôt dont sont frappées les laines de Fakland et de Puntas-Arenas, supprimer le droit sur le charbon, alors que notre pays ne produit que les 2/3 de sa consommation en houille, supprimer aussi les droits sur les produits chimiques, sur les graines oléagineuses, sur les huiles; « ce serait, « disait-il, un allégement pour l'industrie lai- « nière qui est armée pour la lutte et qui « repousse les béquilles de la protection. »

Enfin, comme les capitalistes qui réfléchissent sont peu disposés à engager des fonds dans les innombrables opérations dont l'instabilité du régime économique a augmenté les risques, il est plus que probable que le protectionnisme a arrêté l'accroissement des emplois du capital en France et par conséquent porté atteinte à l'industrie nationale considérée dans son ensemble.

Les emplois de capitaux qu'il a pu, au début, provoquer dans les industries protégées et les avantages dont ont profité les industriels privilégiés ont été dans beaucoup de cas compensés par des désavantages auxquels ils n'avaient point songé.

A la suite de l'établissement de droits élevés, les industriels étrangers dont les expéditions sont rendues impossibles vont installer des usines au cœur du pays fermé, de sorte que les droits de douane, au lieu de protéger l'industrie nationale, font naître dans le pays même des concurrences aux industriels nationaux par des capitalistes et industriels étrangers. Les protectionnistes français se sont plaints de faits de ce genre en Indo-Chine ; il s'en est produit d'identiques dans le Nord de la France. Inversement, des industriels français vont créer des usines à l'étranger pour profiter du protectionnisme étranger au lieu de faire profiter leur propre pays de leurs capitaux et de leur activité.

Des entreprises non prospères ont pu être préservées de la ruine lors de l'établissement des droits protecteurs; certaines usines et exploitations défectueuses ont pu continuer à végéter grâce à ces béquilles; mais beaucoup de celles qui étaient destinées précédemment à mourir, beaucoup de celles qui ont été créées pour profiter des privilèges ont langui ou disparu sous l'effet de la concurrence intérieure.

Par exemple, l'appui puissant qui a été donné pendant des années en France à la fabrication du sucre n'a pas empêché la ruine successive des usines mal outillées ou mal placées. En 1882-83, on comptait en France 497 usines à sucre employant 49.360 ouvriers; en 1901-1902, avant la réforme qui a suivi la conférence de Bruxelles, on ne comptait plus que 332 usines employant 42.774 ouvriers.

Que de fois pourtant n'a-t-on pas entendu dire par les partisans du système restrictif que la liberté serait pour les pays non protectionnistes une cause de ruine et que la libérale Angleterre serait accablée par la concurrence de l'Allemagne et des États-Unis! Le 15 juin 1910, un grand métallurgiste anglais, sir Hugh Bell, directeur de l'établissement de Bell Brothers, de Middlebrough a, dans une conférence sur l'industrie du fer et de l'acier, montré d'une manière saisissante ce que vaut cette assertion.

« En 1890, a-t-il dit, nous avons produit
« 13 millions 3/4 de tonnes de minerais de
« fer, et nous en avons importé 4 millions 1/2.
« Dix-sept années plus tard, en 1907, nous
« avons produit 15 millions 3/4 et nous avons
« importé 7 millions 2/3. Notre rendement
« en minerai avait augmenté de 14 p. 100 et
« notre importation de 70 p. 100.

« Prenez maintenant l'Allemagne : en 1890,
« lorsqu'elle commençait tout juste à nous
« disputer la supériorité, elle produisait, avec
« le Luxembourg, 11 millions 1/4 de tonnes ;
« elle en produit maintenant 27 millions 1/4.
« Sa production a augmenté de 142 p. 100.
« Que quelqu'un, *tarif-reformer* ou autre, me
« dise comment nous aurions pu empêcher
« l'Allemagne de faire ce progrès ? Aucune
« protection n'eût pu l'arrêter. L'Allemagne
« devait forcément, en raison de ses grandes
« ressources en minerai, devenir un grand
« pays producteur de fer [1]. »

Après avoir fait des observations analogues sur le développement de l'industrie métallur-

____

1. *Journal des économistes* de janvier 1911.

gique aux États-Unis, en constatant que ce développement était aussi inévitable que celui de l'Allemagne puisqu'il provenait de l'exploitation de minerais indigènes, c'est-à-dire du sol, et qu'il n'avait pas empêché la prospérité de l'industrie métallurgique anglaise, sir Hugh Bell s'est félicité hautement d'appartenir à un pays libre et à une industrie non protégée.

Il faut regretter de ne point rencontrer chez les industriels français la confiance du métallurgiste anglais. Il semble, au contraire, que la politique protectionniste n'ait point satisfait nos compatriotes. La preuve, c'est que le régime de 1892 a été constamment modifié sur la demande des intéressés, et que la loi du 29 mars 1910 a aggravé fortement notre tarif. Une autre preuve, c'est que des protectionnistes autorisés déplorent publiquement que les progrès de notre exportation soient insuffisants et que « nous avancions au dehors « bien plus par la force de l'impulsion acquise « que par un essor industriel nouveau et « triomphant comme celui qu'on peut constater dans les pays voisins ». C'est M. Méline qui a récemment formulé ces regrets.

La protection douanière ne pouvait être pour nos industriels protégés un aiguillon efficace ;

les droits protecteurs ou compensateurs atténuent mal pour eux l'augmentation des prix de
revient qui résulte de ces droits en même temps
que des lois sociales. La vie étant artificiellement renchérie, l'économie dans les frais de
production est impossible ; les moyens de
développer l'exportation et de multiplier les
affaires font défaut. L'instabilité de la législation douanière, l'espérance que les industriels ont constamment d'obtenir par des
sollicitations heureuses des modifications aux
tarifs s'ils ne leur procurent pas les avantages sur lesquels ils comptent, contribuent à
les empêcher de chercher où il faudrait les
clients nouveaux dont ils auraient besoin
pour prospérer.

La protection n'a pas plus profité aux agriculteurs considérés ensemble qu'à nos industriels pris en bloc. La superficie cultivée en
froment était en 1871 de 6.400.000 hectares ;
elle a augmenté progressivement jusqu'en 1885
pour atteindre 7 millions d'hectares. Elle s'est
maintenue aux environs de ce chiffre jusqu'en 1890 ; l'année suivante, 1891, elle a été
réduite brusquement et momentanément ;
elle a augmenté ensuite, mais sans dépasser
6.900.000 hectares de 1892 à 1900. Depuis
lors, elle a baissé peu à peu et n'est plus

aujourd'hui que de 6.500.000 à 6.600.000 hectares.

Pendant ce temps, le rendement à l'hectare a notablement augmenté par l'effet des progrès qui, partout dans le monde, ont été introduits dans les procédés de culture. De 1871 à 1880, ce rendement était en moyenne de 10 quintaux 1/2 à l'hectare ; de 1881 à 1890, il s'est élevé à 11 quintaux 1/2 ; de 1891 à 1900, à 12 quintaux ; de 1900 à 1910, à 13 quintaux. Mais cet accroissement qui a nécessité une augmentation des avances annuelles n'a pu être opéré que par les exploitants riches dans les exploitations d'une certaine importance.

Pour les vins, la protection n'a pas eu des effets heureux et n'a point corrigé les conséquences de l'introduction en France du phylloxéra. La superficie plantée en vignes n'a cessé de décroître jusqu'en 1900 et a depuis lors à peine augmenté :

Superficie cultivée en milliers d'hectares.

1869.	2.613
1875.	2.396
1880.	2.258
1885.	1.971
1890.	1.817
1895.	1.747
1900.	1.609

1905. . . . . 1.669
1910. . . . . 1.618

Sans doute, la production totale a fini par se rapprocher de ce qu'elle était avant la grande décadence de notre vignoble, mais les prix sont en même temps tombés très bas :

	PRODUCTION en millions d'hectolitres.	VALEUR de l'hectolitre en francs.
1869 à 1874	57	23 à 41
1875 à 1879	51	21 à 33
1880 à 1884	38	37 à 40
1885 à 1889	28	30 à 40
1890 à 1894	35	23 à 35
1895 à 1899	36	23 à 31
1900 à 1904	53	16 à 28
1905 à 1909	57	16 à 18
1910.	29	39

On sait que la baisse des prix a amené des crises graves dans le midi de la France. Les gens compétents sont d'avis que le mal est provenu principalement : 1° de ce que les droits de douane ont arrêté l'arrivée des vins d'Espagne et d'Italie qui étaient employés à d'utiles coupages ; 2° de ce que l'espoir des bénéfices à tirer de la protection a poussé à l'emploi de mauvais cépages et à la production de vins invendables parce qu'ils ne pouvaient ni se conserver, ni se transporter.

4. — Obstacles aux emplois du travail

Les protectionnistes répètent néanmoins : « Si les propriétaires et les cultivateurs, grâce aux droits de douane, gagnent plus d'argent, ils font plus travailler et vivre plus largement ceux qu'ils emploient ; la situation des ouvriers s'améliore et les chômages disparaissent. »

Un protectionniste avait déjà écrit à ce sujet en 1860 : « C'est parce que la grande indus-« trie, en fournissant le travail aux classes ou-« vrières, assure l'existence de nombreuses « familles qu'elle est une des forces vitales « du pays. Cette mission d'assurer toujours « du travail à leurs ouvriers est pour les indus-« triels la partie la plus difficile et à leurs « yeux la plus sacrée de leur tâche labo-« rieuse[1]. »

On l'a vu plus haut, la protection a enchéri considérablement le coût de la vie ; elle a donc diminué le pouvoir d'achat du salaire de tous les ouvriers. La hausse du prix du travail, depuis 1870, est incontestable ; mais elle a été plus rapide pendant la période

1. *Le régime douanier en 1860.*

de liberté commerciale, soit de 1870 à 1880, que dans les périodes postérieures où le protectionnisme a fleuri ; et elle a été alors surtout nominale puisque la vie est devenue plus coûteuse. L'amélioration de la situation des salariés n'est pas mesurée par la hausse apparente de leurs salaires.

La protection a-t-elle empêché les chômages ? S'il est possible que dans quelques cas, surtout au début, elle ait suspendu la ruine d'établissements mal outillés, travaillant à prix élevés et destinés normalement à sombrer, elle a dû, en sens inverse, provoquer des arrêts de travail et des suppressions d'emplois en augmentant les frais de fabrication et en nuisant à la consommation des produits, tant dans les industries protégées que dans les industries non protégées.

Ainsi, dans l'industrie du sucre, dont j'ai déjà parlé parce que l'on possède à son sujet des renseignements précis et parce qu'elle a été fortement soutenue par des primes jusqu'en 1902, le travail a considérablement diminué.

*Nombre des personnes employées
dans les fabriques de sucre.*

	PERSONNES		
	Hommes.	Femmes.	Enfants.
1881-1882 . . .	49.100	8.400	7.800
1900-1901 . . .	42.800	3.200	2.400
Diminution	6.300	5.200	5.400

	JOURNÉES DE TRAVAIL (Millions.)		
	Hommes.	Femmes.	Enfants.
1881-1882 . . .	4.975	707	658
1901-1902 . . .	4.388	390	248
Diminution	587	317	410

Les droits sur les fils et les tissus nuisent au
développement des industries du vêtement,
de la lingerie, des modes; les droits sur les
cuirs nuisent de même au développement de
l'industrie de la chaussure, etc., et dans les industries qui travaillent presque directement
pour le consommateur, dans les modes, par
exemple, la main-d'œuvre joue un rôle autrement grand que dans les industries, telles
que les textiles, qui travaillent pour d'autres
industries.

M. Yves Guyot a fait observer, d'après les

recensements de la population, que sur une population industrielle de 7 millions de personnes, l'industrie protégée n'en comprend que 1 million environ, savoir :

> 914.000 dans les industries textiles,
> 30.000 dans la mégisserie et la tannerie,
> 60.000 dans l'industrie métallurgique.

En admettant dès lors que la protection profite aux ouvriers des industries protégées, elle ne profiterait au plus qu'à 14 p. 100 du personnel industriel total de la France.

De quelque côté que l'on porte les regards, on voit des préjudices considérables et d'énormes réductions d'emplois du capital et du travail sans qu'on puisse constater d'avantages positifs pour l'ensemble du pays. Et à combien de personnes, en mettant pour elles les choses au mieux, profitent les privilèges accordés ? M. Yves Guyot a calculé que c'était au plus à 8 p. 100 de la population agricole, et à 5 p. 100 de l'ensemble de la population de la France !

Les droits de douane n'ont pas favorisé les petits cultivateurs ; ils ont été surtout favorables aux propriétaires, non point à ceux qui cultivent eux-mêmes et qui vendent peu de produits, mais aux grands propriétaires qui touchent de gros fermages. Loin de s'être enrichis, beaucoup de petits propriétaires sont dans une situation précaire ; ce qui s'est passé dans le midi de la France et en Champagne a pu éclairer à cet égard les incrédules.

La protection n'a pas profité non plus à l'industrie nationale prise dans son ensemble, et elle n'a pas réalisé le vœu que formulait en 1860 relativement aux salariés le protectionniste dont nous avons cité plus haut les paroles. Elle n'a pas enfin, à un point de vue plus général encore, conduit la France à la richesse.

Dans les papiers du *Congrès du libre-échange de Londres* de 1907 est la lettre ci-après de M. de Foville.

« Je n'ai jamais cessé d'être libre-échan-
« giste. Je l'étais déjà quoique bien jeune
« encore quand fut conclu le traité de 1860
« et les résultats du régime nouveau n'ont
« fait que fortifier ma foi. Je vivais pourtant,
« il y a quarante ans, dans un centre indus-
« triel peuplé de protectionnistes ardents qui
« ne cessaient d'accuser la réforme douanière
« de les ruiner et de ruiner la France. Mais de
« ces prétendues victimes je voyais la fortune
« grandir à vue d'œil. L'un d'eux, le plus
« irréconciliable, achetait à 10 lieues à la

« ronde toute ferme ou château mis en
« vente.

« Et maintenant que cette époque est deve-
« nue de l'histoire, presque de l'histoire
« ancienne et que je suis devenu, moi, un
« vieux statisticien, j'interroge les chiffres et
« les diagrammes. J'interroge spécialement
« la course de nos annuités successorales,
« image réduite mais fidèle du mouvement de
« la richesse française ; et je vois que jamais
« le progrès n'en a été si rapide que de 1860
« à 1875. Depuis la réaction violente de 1892,
« au contraire, la courbe reste stationnaire,
« pour ne pas dire plus. Et sans doute il y
« aurait quelque témérité à dire : *Post hoc,*
« *ergo propter hoc.* Je sais quelle est la com-
« plexité des phénomènes économiques. Cepen-
« dant je défie les partisans de notre régime
« actuel de regarder cette image et de dire
« comme autrefois : Le libre-échange ruinait
« la France ; la protection l'enrichit. »

Voici mis à jour le graphique[1] qui a motivé
les réflexions du signataire de cette lettre
éloquente :

1. Antérieurement à 1875, la valeur des biens ruraux
était estimée en multipliant le revenu annuel par 20, il est
maintenant multiplié par 25. A partir de 1902, la valeur des
successions est calculée sans déduction du passif.

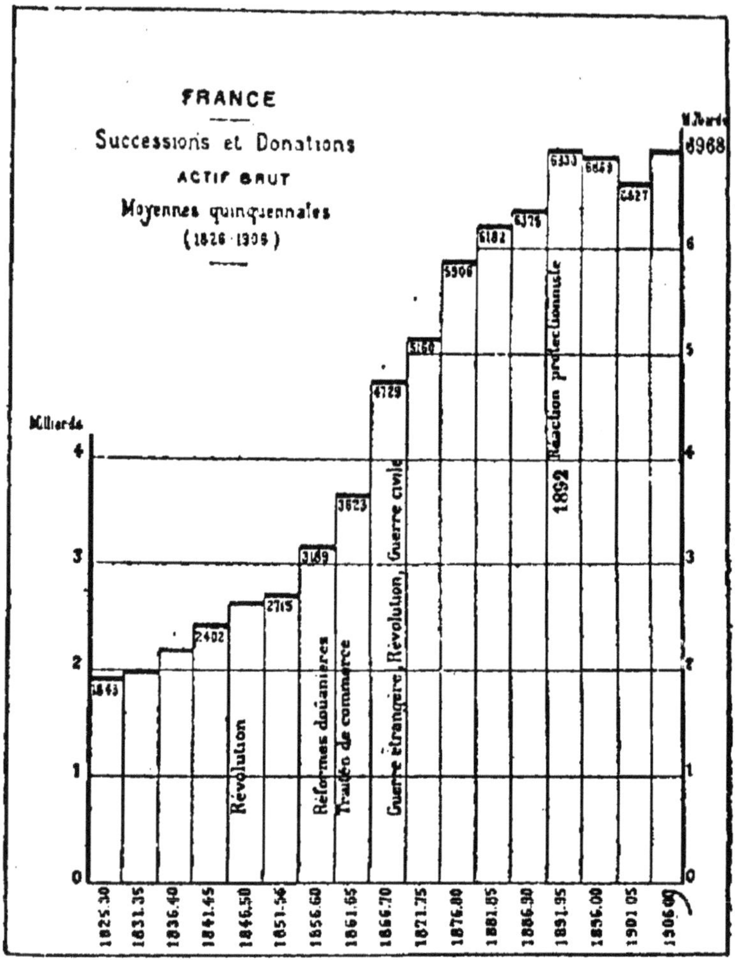

5. — L'OPPOSÉ DU PROGRÈS MATÉRIEL

L'étude du passé rend optimiste. Malgré les
entraves artificielles que les gouvernements
ont fréquemment apportées aux communica-

tions entre les hommes, le progrès a suivi sa marche au cours des âges. Cette marche n'a pas été continue ; il y a eu, pendant des périodes plus ou moins longues, des regressions économiques plus ou moins profondes. Pour tous les phénomènes sociaux qui se prêtent à des représentations graphiques, les dessins ne sont jamais réguliers ; on n'obtient que des lignes tortueuses, avec des hauts et des bas, avec des successions de maximums et de minimums, mais le plus souvent, ces lignes n'ont qu'en apparence une direction incertaine et vont vers un but déterminable. De même pour les rapports commerciaux entre les hommes ; les barrières qui les séparent s'abaissent malgré tous les efforts contraires.

Les hommes ont un tel besoin de communiquer entre eux qu'ils élargissent de plus en plus les mailles du réseau douanier ; les petits États se sont groupés en grands États ; les frontières des provinces ont été détruites ; les prohibitions ont disparu ; les traités de commerce ont uni les États et, par la clause de la nation la plus favorisée, ont étendu leurs bienfaits à un territoire de plus en plus vaste. Enfin, grâce à l'amélioration des frais de transport, la protection naturelle et efficace qui résultait de ces frais mêmes a perdu de son importance. Mais par les entraves que les protectionnistes ont mises à la libre expansion des lois économiques, l'amélioration de la vie humaine n'a pas été aussi grande et aussi rapide qu'elle aurait pu être. Cela paraît évident lorsque l'on songe à l'effet qu'auraient produit des lois qui, pour protéger le travail à la main, auraient interdit le travail mécanique, ou qui, pour protéger les diligences, auraient empêché l'établissement des chemins de fer. La responsabilité des protectionnistes reste lourde.

La formation des grands États et la suppression des barrières intérieures dans les diverses contrées de l'Europe ont eu pour résultat de favoriser le commerce et l'industrie en constituant d'énormes marchés dont on n'aurait pu avoir une idée auparavant.

L'Empire allemand offre aujourd'hui à ses producteurs nationaux un marché de 66 millions d'habitants ; l'Italie en offre un de 32. Qu'étaient au regard de ces grands États les petits États disparus lors de la constitution du royaume d'Italie, tels que le royaume de Sardaigne avec ses 4.700.000 habitants ; les duchés de Parme et de Modène avec chacun 500.000 habitants ? Qu'étaient les États secondaires englobés dans l'Empire allemand et compris tous maintenant dans les mêmes lignes douanières ?

Quelle différence aussi, par suite de l'accroissement de la population, entre les grands États actuels et les États du commencement du XIX° siècle !

Que, dans le passé, des producteurs, enfermés dans leurs petits pays, aient eu la crainte de manquer d'acheteurs à certains moments et aient pesé sur leurs gouvernants pour obtenir des mesures de protection particulière, on peut l'admettre à la rigueur. Les moyens de transport étaient lents et insuffisants. Il était plus difficile, il était plus périlleux, d'aller de Paris à Marseille qu'il ne l'est aujourd'hui d'aller de Londres à New-York. Les consommateurs étaient en général peu fortunés ; les risques pour les producteurs de tous genres étaient énormes. Pour les céréales, l'abondance dans une localité faisait tomber les cours à presque rien, la rareté les faisait monter à des taux excessifs ; au même moment, dans des localités peu éloignées se montraient la surabondance, d'une part, et la disette de l'autre, faute de moyens de communication pour établir des compensations entre les ressources [1].

Aujourd'hui, les agriculteurs et les fabricants ont autour d'eux une foule compacte de consommateurs, beaucoup plus aisés qu'autrefois. Ils peuvent être renseignés à chaque instant, pour ainsi dire, sur les prix de leurs matières premières et sur les prix des produits

1. On trouve dans une des premières statistiques françaises, la *Statistique Élémentaire de la France* de Peuchet, des indications sur les différences du prix du blé dans les divers marchés, pour l'année 1805 (nivôse, an XIII). Nous en extrayons les chiffres ci-après :

DÉPARTEMENTS	PRIX MOYEN DE L'HECTOLITRE
Gard	28f,57
Bouches-du-Rhône	27f,21
Lozère	26f,80
Basses-Alpes	23f,45
Hérault	21f,15
Basses-Pyrénées	22f,77
Saône-et-Loire	21f,25
Nord	20f,34
Ain	19f,94
Seine-Inférieure	18f,02
Nièvre	17f,40
Aisne	16f,55
Seine	15f,10
Deux-Sèvres	14f,12
Indre-et-Loire	13f,95
Aube	12f,14
Vosges	11f,71
Meurthe	10f,14

qu'ils fabriquent. Ils peuvent expédier ces produits en tous lieux avec facilité. Ils sont placés dans des conditions qui devraient leur permettre de se tirer d'affaire eux-mêmes ; leurs plaintes et leurs prétentions ne s'expliquent plus.

Le système protecteur est à l'opposé du progrès ; si l'on en doutait, il suffirait de se rappeler ce qu'a écrit l'un de ses sectateurs les plus autorisés :

« Le développement des chemins de fer et
« de la marine à vapeur a supprimé la pro-
« tection naturelle de la distance qui était
« encore très efficace, il y a seulement une
« trentaine d'années, en réduisant les frais
« des transports internationaux dans des pro-
« portions incroyables, en décuplant la vitesse
« de circulation des marchandises et en
« assurant à leur livraison une régularité
« presque mathématique. S'il faut se féliciter
« de ces résultats au point de vue humanitaire,
« on doit cependant constater qu'ils ont pro-
« fondément bouleversé depuis trente ans la
« situation économique des vieilles nations de
« l'Europe.

« Les protectionnistes modernes ne songent
« à supprimer ni les chemins de fer, ni la
« marine à vapeur, ni le télégraphe, ni le

« téléphone, mais s'il est démontré que toutes
« les branches de l'industrie française, par
« suite de la suppression virtuelle des distances
« et de la transformation économique des pays
« nouveaux sont peu ou prou en état d'infé-
« riorité par rapport aux industries similaires
« de ces pays nouveaux, que vaut alors la
« théorie de la liberté absolue des échanges ? »

De ce passage résulte bien que les droits protecteurs ont pour destinée de remédier aux
avantages que la vapeur procure à l'humanité
et dont les libres-échangistes ont la sottise de se
réjouir ! Du même passage résulte aussi que les
vieilles nations sont obligées de se défendre
contre les pays nouveaux parce qu'ils sont
nouveaux ; or, ces pays nouveaux sont protectionnistes, de sorte qu'ils se défendent contre
les vieilles nations, sans doute, parce que
celles-ci sont vieilles.

Ainsi quand tous les efforts de l'homme tendent à diminuer l'importance des obstacles
qui séparent ses besoins de ses satisfactions,
on veut par la protection douanière lui opposer
l'obstacle de la cherté.

Le bon marché est pourtant autrement
fécond que les lois douanières et aussi que les
lois dites sociales ; il profite à tous les consommateurs, c'est-à-dire à tout le monde.

Une économie d'un sou par jour représente 18f,25 par an ; si elle est faite pour chaque personne dans une famille de quatre personnes, c'est 73 francs qui, rien que sur cet objet, pourront être mis en réserve pour les mauvais jours. N'est-il pas probable que si les membres d'une nation peuvent se procurer plus de satisfactions à un moindre prix, il y aura moins de pauvres puisqu'il y aura moins de gens qui ne peuvent manger à leur faim ? Le bon marché rend la vie de tous plus facile ; il permet à chacun d'acheter plus de produits ; par là, il favorise les propriétaires, les industriels, les cultivateurs et tous ceux qui concourent à la production, en même temps qu'il améliore la situation des consommateurs. Pourquoi donc, au lieu de commencer par protéger les producteurs, ne commence-t-on pas par protéger les consommateurs ? Ce serait plus commode ; il suffirait pour cela de s'abstenir, et s'abstenir est souvent pour les gouvernants le plus sûr moyen d'éviter de commettre des injustices.

Et pourquoi, au lieu de menacer les autres nations, au lieu de se lancer dans des guerres de tarifs, ne pas chercher à établir la paix commerciale ?

La diminution des dépenses militaires enrichirait le pays qui oserait le premier la faire, mais elle serait dangereuse; les économies à obtenir ne compenseraient pas les risques à courir. Il est plus sûr et plus avantageux d'assurer tout au moins la paix commerciale par des traités de commerce. Les nations sensées parviendront, au moyen de ces traités, à empêcher les entreprises funestes des nations moins sensées; elles devraient au besoin s'imposer des sacrifices pour se garer des folies protectionnistes, chez elles et chez les autres, et pour donner tout à la fois à leur propre commerce et au commerce international la sécurité et la stabilité, pendant une période aussi longue que possible.

6. — L'opposé du progrès moral

Ce n'est pas seulement au point de vue économique que l'emploi des moyens de protection a une action regressive, c'est au point de vue moral.

Ils tendent à transformer une nation active en une nation de quémandeurs; chaque industriel applique son initiative. non à chercher des débouchés, non à améliorer ses procédés de fabrication, mais à solliciter des droits de douane; sa mentalité tend à se rapprocher de celle des fonctionnaires ; il aura bientôt horreur des risques et des responsabilités. En cette matière, se justifie pleinement le mot de Turgot : *La mendicité dégrade un peuple.*

N'y a-t-il pas aussi une sorte d'hypocrisie dans la conduite de l'industriel protégé ? Il veut qu'on interdise l'achat à l'étranger des produits concurrents des siens et il ne manque pas à l'occasion d'acheter à l'étranger les matières et les machines dont il a besoin quand il les y trouve à meilleur marché. Les sucriers emploient constamment des ouvriers belges pour des travaux spéciaux ; les usiniers achètent des machines en Angleterre et du charbon à Cardiff, s'il est moins cher qu'à Lens ; les filateurs de laine consomment plus de laine étrangère que de laine française.

Les gouvernants ne donnent-ils pas enfin aux peuples des exemples d'immoralité lorsqu'ils prennent, lors de l'application des lois douanières, des mesures qui ne sont conformes ni à la lettre, ni à l'esprit des traités, comme si le mérite politique devait consister à tromper les autres. A plusieurs reprises, l'interdiction de l'entrée de produits étrangers a été maintenue en France sous des prétextes d'hygiène publique qui n'existaient pas. Il en a été ainsi, je l'ai déjà rappelé, pour les importations de viande de porc allemand et pour les pommes de terre des États-Unis et du Canada. Au sujet de ces derniers produits, des protectionnistes agrariens faisant partie du Sénat et réunis sous le nom de Groupe agricole ont fini par réclamer, en raison de la cherté des vivres, l'ouverture des frontières « jusque-là « et peut-être, ont-ils avoué, arbitrairement « fermées ».

Le protectionnisme provoque enfin des antagonismes entre des catégories de citoyens, entre l'agriculture et l'industrie, entre les divers produits d'une certaine espèce ou entre ceux d'une certaine région et, dans la lutte de tous les intérêts pour l'obtention des avantages douaniers, les plus puissants obtiennent les meilleures conditions.

Il y a eu en France rivalité entre le Nord et le Midi, entre la betterave et la vigne. Le législateur a frappé les maïs, les riz nécessaires au Midi pour soutenir les distilleries du Nord. En Angleterre, on a vu une guerre de classes pendant la campagne célèbre entamée pour faire disparaître les lois céréales ; les arguments ont pris rapidement un caractère politique ; ce fut une lutte pour des principes économiques qui fut engagée, et ce fut une lutte du peuple anglais contre les land-lords qui fut poursuivie afin d'arracher à ceux-ci les privilèges qu'ils s'étaient fait attribuer par la loi.

En France, au temps du Colbertisme, l'industrie a d'abord été seule favorisée. Les pouvoirs publics ont ensuite protégé l'agriculture et l'ont fait d'une manière systématique à l'époque où les propriétaires fonciers et les gros agriculteurs ont constitué dans les Chambres une force avec laquelle il a fallu compter. Les grands propriétaires ont mené les Chambres comme les avaient menées les landlords en Angleterre. La troisième République, quoique basée sur le suffrage universel, s'est laissée conduire par les mêmes intérêts particuliers que les gouvernements de suffrage restreint. Elle a accordé, au moyen de la protection, des faveurs à la bourgeoisie en contentant à la fois les industriels et les propriétaires. En conséquence, elle a dû être prodigue envers les salariés, à qui elle faisait payer d'autre côté par l'enchérissement de toutes les matières consommables les avantages procurés aux bourgeois. Le protectionnisme a servi d'exemple au socialisme ; on a dit justement qu'il était le socialisme des riches.

Avec l'organisation actuelle de la démocratie, les politiciens ont fatalement pour objectif de satisfaire les catégories d'électeurs qui les portent au pouvoir. Bien loin de s'attaquer aux préjugés, ils en sont les soutiens; comment ces préjugés ne seraient-ils pas vivaces ?

Il y a en outre dans chaque profession un esprit de solidarité, pareil à l'esprit de corps, qui porte les plus petits à suivre les plus grands, à s'associer à leurs demandes, à se croire atteints quand ceux-ci le sont, bien qu'il ne doive résulter de l'association aucun bien effectif pour les petits, au contraire.

Aux élections de 1885, dans les environs de Paris, on a pu voir, parmi les partisans de la *liste agricole*, des cultivateurs qui ne produisaient que des fraises, des groseilles ou du cassis, denrées qu'il ne pouvait être question de protéger. Les droits sur le blé et sur la viande, que devaient s'efforcer d'obtenir les élus de la liste, non seulement ne pouvaient procurer d'avantages aux électeurs de cette catégorie, mais devaient avoir pour effet d'élever le coût de leur nourriture journalière.

On voit de même aujourd'hui des petits producteurs de blé, qui ne tirent nul avantage de la protection donnée à cette céréale, puisqu'ils n'en vendent pas et consomment sur place ce qu'ils en produisent, rester attachés fermement à la protection. On rencontre aussi des commerçants qui, pour la presque unanimité, ont un intérêt direct à l'établissement du libre-échange, s'associer aux demandes des industriels, probablement parce que les deux branches non agricoles de l'activité économique, commerce et industrie, ont été longtemps confondues dans les faits et dans le langage courant.

Lors du dernier tarif, les industriels sont parvenus à associer à leur cause les fabricants de modes et de fleurs qui sont des exportateurs et devraient désirer l'abaissement du prix des nombreuses matières qu'ils emploient.

Les industriels ont peut-être aussi persuadé à un certain nombre d'ouvriers que la protection douanière empêche le chômage et contribue à l'élévation des salaires.

Ainsi se forme et se maintient une forte coalition de personnes qui s'agitent pour obtenir ou conserver aux dépens du reste de la nation des avantages, réels pour quelques-uns, illusoires ou éphémères pour le plus grand nombre.

CONCLUSION

Nul n'ignore quelle est la puissance des mots. Les expressions mensongères de protection nationale, de travail national, de protection agricole, de protection industrielle ont des effets magiques, grâce à l'ignorance économique. Dans les pays où l'instruction est la plus répandue, les gens dits instruits répètent presque tous en perroquets, au sujet de la balance du commerce, les sophismes que les premiers économistes ont réfuté, il y a plus de cent-cinquante ans.

Beaucoup de publicistes, même à tendance libérale, sont trop imbus de préjugés pour apprécier sainement les faits ; ils sont troublés de voir à certains moments les prix des produits protégés baisser et se figurent alors que la politique protectionniste n'est pas une politique de cherté.

La plupart des gens ont peur de la liberté ; ils croient que son établissement provoquerait une crise terrible, une sorte de cataclysme. Ils se persuadent que des réductions, même peu importantes du tarif, porteraient une atteinte grave aux finances publiques.

Or, il est à remarquer que l'aggravation des droits de douane a été préjudiciable au Trésor et cela s'explique, puisque les droits arrêtent d'autant mieux les importations qu'ils sont plus élevés. Si l'on considère le montant successif des perceptions à la frontière française, on cons-- tate que les augmentations quinquennales ont été bien plus considérables dans le régime libéral que dans le régime actuel et qu'à certaines périodes du régime protecteur les augmenta- tions ont été remplacées par des diminutions.

Voici les chiffres :

RÉGIME LIBÉRAL —	MONTANT DES PERCEPTIONS sur les droits d'impor- tations. Millions de francs.	AUGMENTATIONS OU DIMINUTIONS quinquennales.
1870. . . .	128	
1875. . . .	229	+ 101
1880. . . .	332	+ 103
RÉGIME PROTECTEUR		
1885. . . .	368	+ 36
1890. . . .	361	— 7
1895. . . .	400	+ 39
1900. . . .	428	+ 28
1905. . . .	412	— 16
1909. . . .	499	+ 23 (pour 4 ans).

On doit conclure de là que la perte qui résulterait pour le Trésor français d'une réduction des droits dans l'avenir serait vite récupérée dans les années ultérieures en raison des augmentations d'importations que la réduction provoquerait. Pourraient d'ailleurs être supprimés sans dangers pour le trésor une foule de droits qui, en fait, ne rapportent rien.

Quant à la fermeture des usines, au chômage général et aux répercussions financières qui résulteraient, dit-on, de la liberté économique, il n'y a là qu'un épouvantail destiné à faire croire que le système protecteur est une arche sainte à laquelle il ne faut point toucher. Les craintes sont telles que de bons auteurs n'osent pas condamner doctrinalement ce système et font observer que son existence est au moins provisoirement nécessaire, une fois qu'il existe.

On tremble encore lorsqu'il est seulement question d'ouvrir la frontière à quelques produits. C'est ainsi que le système protecteur va toujours en s'aggravant sans rencontrer beaucoup de combattants.

En réalité, la suppression des gênes multiples mises au commerce international serait rapidement avantageuse au pays qui en prendrait l'initiative. L'abaissement des prix de la plupart des produits protégés et la réduction du coût de la vie ferait économiser une innombrable quantité d'efforts, non seulement pour la consommation de chacun, mais pour la production, puisque beaucoup de produits protégés sont utilisés comme matières premières. Nombre d'industries pourraient lutter au dehors.

Mais que deviendraient toutes celles qui, prétend-on, vivent de la protection, qui n'existent que par elle, qui auraient péri sans la sollicitude que les pouvoirs publics montrent pour le travail national? Il est facile de s'en rendre compte : remarquons de prime abord qu'il n'y a pas de motifs apparents pour que le passage brusque de la protection à la liberté trouble plus un pays que le passage brusque de la liberté à la protection. Quand des droits prohibitifs sont mis sur des marchandises, toutes les personnes et toutes les entreprises qui s'en servent sont frappées ; toutes celles qui en font le commerce sont fortement atteintes.

La vérité est que tout changement brusque dans la politique douanière, quel qu'en soit le sens, est plus ou moins fâcheux pour telle ou telle catégorie de personnes et, de cette constatation, on peut conclure à la supériorité du libre-échange, attendu qu'il est un régime stable et que la protection est changeante. Chaque fois qu'on la modifie pour la rendre efficace, on provoque des troubles plus ou moins profonds.

Remarquons encore que le libre-échange frapperait quelques exploitations industrielles et agricoles, tandis que la protection frappe tous les consommateurs. Les droits protecteurs sur la viande, sur le blé, et sur d'autres matières alimentaires détruisent, en majorant les dépenses de première nécessité, l'équilibre entre le salaire nominal et le prix de l'existence. Les coups qu'ils frappent continûment sont-ils donc moins rudes pour les consommateurs peu fortunés que pourraient l'être les coups à provenir de la liberté pour les grands propriétaires et pour les grands industriels ?

Il est vrai que les consommateurs sont plus malléables, quoique plus nombreux. Ils ne se liguent point et ne crient jamais, ou s'ils crient on ne les entend guère. Les maux dont ils souffrent ne sont pas apparents ; les statistiques ne les constatent point ; c'est comme s'ils n'existaient pas aux yeux des observateurs inattentifs. On conçoit donc que la protection n'ait jamais paru provoquer de troubles graves. Au contraire, si le libre-échange était établi, les industriels, les propriétaires et ceux qui les suivent, lanceraient des gémissements et des imprécations de tous genres. Mais combien seraient pourtant parmi eux ceux qui souffriraient vraiment?

Il est clair que la suppression, même inopinée, de droits qui jouent peu aurait peu de répercussions sérieuses. Pour les droits qui jouent et qui surélèvent effectivement les prix de vente à l'intérieur, il faut distinguer.

Parmi les entreprises auxquelles ces droits sont utiles, les unes sont en pleine prospérité et obtiennent de larges profits; peut-on croire qu'elles succomberaient si la protection était supprimée? Les prix de vente seraient réduits, les profits seraient peut-être momentanément diminués ou éteints; il y aurait pour des particuliers, soit des manques à gagner, soit des gênes plus ou moins sérieuses, selon l'importance du profit qu'ils tiraient de la protection; mais il n'y aurait ni fermeture d'usines, ni chômage prolongé, ni crises dangereuses. Les entreprises protégées trouveraient encore dans la consommation intérieure des éléments suffisants de trafic.

Celles qui ne subsistent que grâce à la protection souffriraient, fermeraient peut-être, mais le nombre en est infime, car les béquilles ne soutiennent pas éternellement les mauvaises exploitations et toutes ne mourraient pas à la fois.

Le cataclysme dont on nous menace ne se verrait point et, si l'on considère que l'établissement de la liberté aurait pour conséquence d'augmenter la consommation de tous les produits dont les prix sont majorés artificiellement, on peut supposer qu'au lieu de la prétendue crise générale, on entrerait dans une période de prospérité et d'activité remarquables[1].

Ce sont là sans doute des conjectures, mais elles sont faites pour répondre à d'autres conjectures qui pèsent, celles-ci sans justifications, sur les sentiments du public.

Au surplus, les protectionnistes peuvent se rassurer. Bien que le bilan de leur système

---

1. Les premiers économistes français, fondateurs du libre-échange, étaient plus hardis. Ils envisageaient sans nul effroi le passage brusque de la protection à la liberté. En 1769, la Société Royale d'Agriculture d'Orléans, qui comptait dans son sein plusieurs physiocrates, mit au concours pour un prix à décerner en janvier 1771, la question ci-après :

« Le Commerce de tous les États de l'Europe, étant
» assujetti à des droits d'entrée et de sortie et à des prohi-
» bitions, souvent réciproques, des productions de leur ter-
» ritoire et des ouvrages de leur industrie, on demande quel
» serait l'avantage ou le désavantage d'un royaume qui ren-

soit déplorable, nous ne demandons pas l'établissement du libre-échange, étant obligés de reconnaître que nous ne sommes point à l'époque où il pourra être établi entièrement. Quand cette époque viendra, ce ne sera qu'après une longue préparation ; les protégés de la douane ont devant eux un temps largement suffisant pour se préparer au changement. Ils ne courent de risques que si le protectionnisme restait outrancier, que si ses protégés se refusaient à faire des concessions ; personne alors ne pourrait peut-être empêcher qu'un mouvement d'opinion n'amenât une réforme violente.

Cobden disait un jour à M. de Molinari que l'indifférence du public anglais avait été, pour

» drait le premier à son commerce une liberté et une immunité complètes ? »

La Société d'agriculture, frappée de ce qui se passait déjà dans les colonies anglaises, avait ajouté dans son programme : « Nous souhaitons surtout qu'on fasse l'application des principes qu'on aura développés à la situation » dans laquelle se trouvent toutes les colonies européennes » dans les trois autres parties du monde et spécialement » au fameux acte de navigation de l'Angleterre. »

J'ignore s'il fut répondu par quelque libre-échangiste du temps à la Société d'Agriculture d'Orléans ; les circonstances devinrent en France, sous l'abbé Terray, peu favorables aux idées libérales en économie politique ; mais les termes dans lesquels la question avait été posée indiquent bien quelle était l'opinion des promoteurs du concours; ils avaient pleine confiance dans la liberté des échanges.

le grand ligueur, la difficulté principale à
vaincre. Pourtant, avant Cobden, le régime
restrictif avait été fortement attaqué et ses
adversaires, au temps d'Huskisson, avaient
obtenu de réels succès. Il n'est donc pas étrange
que le public en France soit jusqu'ici resté
indifférent en face des questions douanières.
Mais la liberté commerciale ne tarde pas à
grouper des adhérents en nombre lorsqu'elle
se rattache à une question politique ; c'est ce
que comprirent Cobden et ses amis : c'est ce
que l'on a pu voir lors de la lutte contre l'élec-
tion de M. Chamberlain ; c'est ce que l'on pourrait voir aussi peut-être un jour dans notre
pays. Partout où les salariés réfléchissent, ils
combattent la protection ; partout aussi la
résignation aux vicissitudes de la vie semble
s'amoindrir ; il est donc possible que la majorité des consommateurs s'éveille et que, mesu-
rant le poids des droits de douane, elle mette
à s'en débarrasser plus de force qu'il ne serait
désirable. Il y a là, pour la bourgeoisie industrielle, des motifs de réflexion auxquels les
événements de l'année 1911, à l'occasion de la
cherté des vivres, doivent faire songer.

En tout cas, à quelque point de vue qu'on
se place, à celui de la paix intérieure comme
à celui de la paix extérieure, se justifie la

politique libérale et modérée que préconise la *Ligue du Libre-Échange* et dont le but est la conclusion de traités de commerce à longue durée.

TABLE DES MATIÈRES

III

LA POLITIQUE PROTECTIONNISTE A L'ÉGARD DES COLONIES

IV

LA POLITIQUE PROTECTIONNISTE A L'INTÉRIEUR OU POLITIQUE DE CHERTÉ

V

LA POLITIQUE PROTECTIONNISTE ET LE PROGRÈS MATÉRIEL ET MORAL

ÉVREUX, IMP. CH. HÉRISSEY, PAUL HÉRISSEY, SUCC^r

d'une préface par L. Vossion, avec un portrait de l'auteur. 1 vol. in-8°. . . . .   9 fr.

GRAHAM SUMNER, professeur d'économie politique et de science sociale au Yale College. Le protectionnisme, trad. de l'anglais par *Joseph Chailley*. 1 vol. in-32.   2 fr.

GUYOT (Yves), ancien ministre, rédacteur en chef du *Journal des Économistes*. Sophismes socialistes et faits économiques. 1 vol. in-16. . . . .   3 fr. 50

— Les préjugés économiques. 1 vol. in-32 . . .   0 fr. 60

LE PLAY (F.). Économie sociale (*Les idées préconçues et les frais — L'agriculture — La pratique du bien, ou la coutume — L'invasion du mal, ou la corruption — Le retour au bien, ou la réforme — Le patronage — La découverte de la constitution essentielle*). INTRODUCTION, par FERNAND AUBERTIN. 1 volume in-18, nouvelle édition, cartonné. . . . .   2 fr. 50

MOLINARI (G. de). Questions économiques à l'ordre du jour. In-18 . . . .   3 fr. 50

— Les problèmes du XXe siècle. 1 vol. in-18 . .   3 fr. 50

RAFFALOVICH (A.). Trusts, cartels et Syndicats. 2e édit. 1 vol. in-18 . . . .   5 fr.

RICARDO. Rentes, salaires et profits. Bibliographie. Traduction revue par M. FORMENTIN. INTRODUCTION par P. BEAUREGARD. 1 vol. in-18, cartonné . . . . .   2 fr. 50

STUART-MILL (John). Principes d'économie politique. INTRODUCTION, par LÉON ROQUET. 1 vol. in-8. 2e édition. cartonné. . . . .   2 fr. 50

JOURNAL DES ÉCONOMISTES

Revue mensuelle de la science économique et de la statistique.

(71e année, 1912). — Paraît tous les mois.

Rédacteur en chef : **Yves Guyot**, ancien ministre, vice-président de la Société d'économie politique.

ABONNEMENTS DU 1er DE CHAQUE TRIMESTRE

Un an : France, 36 fr. — Étranger, 38 fr.
Six mois :   —   19 fr. —   —   20 fr.
La livraison, 3 fr. 50

www.ingramcontent.com/pod-product-compliance
Ingram Content Group UK Ltd.
Pitfield, Milton Keynes, MK11 3LW, UK
UKHW020136130726
13696UKWH00001B/375